RAUB-

KATZEN

RAUB-
KATZEN

Bildnachweis
Alle Abbildungen von OKAPIA KG,
Frankfurt am Main

Autor: Dr. Hans W. Kothe

Inhalt

Die Welt der Katzen

Obwohl es bei Katzen beträchtliche Größenunterschiede gibt – die kleinsten haben eine Körperlänge von gerade einmal 30 Zentimeter, während es bei Tigern über drei Meter sein können – sind die einzelnen Arten sofort als Angehörige dieser Gruppe zu erkennen. So haben alle einen geschmeidigen Körper mit einem häufig wunderschön gefärbten Fell; typisch sind aber auch die rundlichen, weichen Pfoten mit allerdings scharfen Krallen, die langen Schnurrhaare in einem zumeist kurzen Gesicht und die charakteristischen Katzenaugen, mit tagsüber schlitz- oder punktförmig verengten Pupillen.

Als Urahn aller heutigen Katzen gilt eine Art aus der Gattung *Pseudaelurus*, die vor etwa 20 bis neun Millionen Jahren lebte und etwa so groß wie eine Hauskatze war. Allerdings waren diese Tiere nicht die ersten Katzen auf unserem Planeten, sondern es gab schon vor rund 35 Millionen Jahren die teilweise recht großen Säbelzahnkatzen (siehe Abbildung Seite 8) mit ihren mächtigen Reißzähnen, die allerdings mit den heutigen Katzen nicht näher verwandt sind und später aus- starben.

Alle heute vorkommenden Katzen werden in einer einzigen Familie zusammenge- fasst: den Feliden (Felidae). Diese umfasst knapp 40 Arten, die dann in die Klein- katzen (Unterfamilie Felinae) und in die Großkatzen (Unterfamilie Pantherinae) unterteilt werden.

Die Groß- und Kleinkatzen werden vor allem anhand des sogenannten Zungen- beins unterschieden, einem kleinen Knochen in der Kehle, der bei den

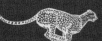

verschiedenen Gruppen unterschiedlich stark verknöchert ist. Dadurch können die meisten Großkatzen, etwa Löwe, Tiger, Jaguar oder Leopard brüllen, während Kleinkatzen dazu nicht in der Lage sind. Die Größe ist dagegen ein eher unzuverlässiges Merkmal, was aufgrund der Namensgebung ein wenig überraschen mag. So gehört beispielsweise der stattliche Puma (siehe Abbildung rechts) zu den Kleinkatzen, auch wenn er um einiges größer ist als der Schneeleopard, der zu den Großkatzen gerechnet wird.

Untersuchungen mit modernen Methoden stützen diese Einteilung allerdings nur bedingt, sodass man heute zumeist acht große Abstammungslinien unterscheidet. Dazu gehören beispielsweise die *Panthera*-Linie mit Tiger, Löwe, Leopard und Jaguar oder die Hauskatzen-Linie mit Hauskatze, Wildkatze, Sandkatze, Rohrkatze und Schwarzfußkatze. Den Gepard stellt man nach diesen Unter-suchungen in die nähere Verwandtschaft von Puma und Jaguarundi, auch Wieselkatze genannt.

Geschickte Jäger

Alle Katzen sind räuberisch lebende Fleischfresser (Karnivoren). Um ihre Beute ergreifen, festhalten und töten zu können, besitzen sie scharfe Krallen und kräftige Kiefer mit langen, gebogenen Eckzähnen. Zuvor müssen die Katzen allerdings erst einmal geeignete Nahrungstiere finden. Damit ihnen das gelingt, sind sie alle mit leistungsfähigen Augen und einem ausgezeichneten Hörvermögen ausgestattet. Außerdem besitzen viele einen besonders empfindlichen Tastsinn und einen guten Geruchssinn.

Gute Nachtsicht und feines Gehör

Katzen besitzen große Augen, die für ein weites Gesichtsfeld sorgen. Daher haben sie stets einen großen Teil ihrer Umgebung im Blickfeld, ohne den Kopf bewegen zu müssen, was sie bei der Jagd verraten könnte. Außerdem liegen die Augen relativ dicht nebeneinander, sodass sich die Blickfelder überschneiden und daher ein sehr genaues Abschätzen der Entfernung ermöglichen. Dies ist vor allem nötig, wenn Katzen eine Beute im Sprung erlegen wollen und genau kalkulieren müssen, wie viel Kraft dafür eingesetzt werden muss.

Tagsüber sehen Katzen nicht besser oder schlechter als viele andere Tiere oder auch der Mensch. Aber in der Dämmerung oder Dunkelheit sind zumindest wir den meisten Katzen, von denen viele in den frühen Abend- und Morgenstunden oder auch nachts jagen, hoffnungslos unterlegen. Der Grund dafür ist, dass die Netzhaut der Katzen etwa sechsmal empfindlicher ist als die des Menschen.

Außerdem befindet sich hinter ihrer Retina eine zusätzliche reflektierende Schicht, die man Tapetum lucidum nennt und die dafür sorgt, dass das einfallende Licht ein zweites Mal durch die Netzhaut geleitet und dadurch deutlich besser genutzt wird. Dieses Tapetum ist übrigens auch der Grund dafür, dass die Augen der Katzen nachts leuchten, wenn sie von einer Taschenlampe oder einem Autoscheinwerfer angestrahlt werden.

Damit nicht zu viel Licht auf die empfindliche Netzhaut fällt, können Katzen ihre Pupillen den jeweiligen Lichtverhältnissen anpassen. So verengen sich diese bei Helligkeit zu schmalen Schlitzen oder kleinen Punkten und lassen dadurch nur wenig Licht eindringen, während sie bei schlechteren Lichtverhältnissen extrem weit geöffnet sind. An den Pupillen einer Katze lässt sich aber auch ihre Stimmung ablesen, denn sie weiten sich, wenn die Tiere Angst haben, und verengen sich bei Wut zu schmalen Schlitzen.

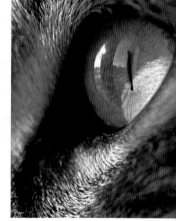

Oft bemerken Katzen eine Beute aber schon lange bevor sie diese überhaupt zu Gesicht bekommen. Sie verdanken dies ihrem ausgezeichneten Gehör, das selbst das feinste Rascheln im hohen Gras oder andere, für uns oft unhörbare Geräusche

wahrnimmt. Und einige Arten hören es sogar, wenn ein Beutetier in seinem unterirdischen Gang umherläuft und wissen daher, dass sich das geduldige Warten vor dem Eingang lohnt. Bei der Ortung einer Geräuschquelle kommt den Katzen zugute, dass sie ihre Ohren auch unabhängig voneinander in verschiedene Richtungen drehen können, was die Lokalisierung einer Beute oft deutlich erleichtert.

Tasten, Riechen, Schmecken

Neben den Augen fallen im Gesicht der Katzen aber auch die langen Tasthaare an der Schnauze besonders auf. Diese stehen mit Sinneszellen in Verbindung, die auf die geringsten Bewegungen reagieren, sogar auf einen Luftzug, den ein in der Nähe vorbeilaufendes Tier verursacht, aber natürlich ebenso auf das feinste Anstoßen an ein Hindernis. Dadurch können Katzen sich auch dann noch orientieren, wenn die Lichtverhältnisse so schlecht sind, dass selbst die hervorragend angepassten Augen nicht mehr ausreichen, um sich zurechtzufinden. Tasthaare befinden sich aber nicht nur an der Schnauze der Tiere, sondern auch über den Augen und an den Vorderbeinen.

Der Geruchssinn ist bei Katzen dagegen weitaus weniger gut ausgebildet als bei anderen Raubtieren, etwa Wölfen. Eine wichtige Rolle spielt er aber bei der Fortpflanzung, denn männliche Katzen können riechen, ob ein Weibchen paarungsbereit ist. Und auch die Markierungen, mit denen die Tiere ihre Reviere abgrenzen, entgehen einer Katze nicht. Außerdem setzen die Tiere ihren Geruchssinn ein, um eine Beute genauer zu untersuchen.

Ähnliches gilt für den Geschmackssinn, den Katzen unter anderem dazu benutzen, um genießbare und ungenießbare Beute zu unterscheiden. Dies ist notwendig, weil die Tiere ihre Nahrung nicht kauen, sondern schnell verschlingen, was bei ungeprüftem Fleisch unangenehme Folgen haben könnte. Die für die Überprüfung der Nahrung zuständigen Geschmacksknospen sitzen vorn am Zungenrand und an der Zungenwurzel. Die Katzenzunge spielt aber auch eine wichtige Rolle bei der Fellpflege. So verbringen Katzen viel Zeit damit, sich den Pelz zu lecken, wobei die mit dornigen Papillen besetzte Zunge benutzt wird, um Fremdkörper, Schmutz und lose Haare zu entfernen und das Fell zu glätten. Die Tiere verwenden ihre raue Zunge aber auch, um Fleischreste von Knochen zu schaben.

Anschleichen und Erlegen der Beute

Besonders große Raubkatzen wie Tiger, Leopard oder Jaguar haben ein wunderschönes Fell, das sofort ins Auge fällt. Allerdings gilt das nur, wenn wir die Tiere in einer unnatürlichen Umgebung sehen, etwa in einem Zoogehege. In der Natur sind die Katzen gerade wegen dieser Färbung und Zeichnung oft fast unsichtbar, etwa wenn sie sich zwischen trockenen Savannengräsern anschleichen.

Ist die Annäherung gelungen, erfolgt der Fang der Beute bei den meisten Katzen im Sprung. Dabei können einige Arten bis zu vier Meter weit und selbst bei dieser großen Entfernung noch sehr zielgenau springen, sodass oft jeder zweite Versuch auch zum Erfolg führt.

Der Gepard nutzt allerdings eine andere Jagdtaktik, denn er verfolgt seine Beute. Und obwohl er, anders als beispielsweise viele hundeartige Raubtiere, häufig allein jagt, sich also nicht immer auf die Hilfe von Artgenossen verlassen kann, gelingt es ihm dennoch ausreichend Beutetiere zu erlegen, weil er kurzzeitig eine Geschwindigkeit von über 120 Kilometer pro Stunde erreichen kann und so selbst schnelle Antilopen einholt.

Von wenigen Arten abgesehen, können alle Katzen ihre Krallen, die von den letzten Zehenknochen gebildet werden, in spezielle Krallenscheiden zurückziehen, sodass die Tiere sich bei der Jagd nahezu lautlos auf ihrem dicken Sohlenpolster bewegen. Daher gelingt es ihnen auch vergleichsweise oft, sich einer Beute unbemerkt bis auf wenige Meter zu nähern. Werden die Krallen benötigt, etwa beim Beutesprung, kann die Katze sie aber blitzschnell wieder ausfahren, indem sie die Zehen streckt. Bei den Geparden, die zu den Arten gehören, die ihre Krallen nicht einziehen können, wirken diese wie Nägel in den Rennschuhen eines Leichtathleten, was ebenfalls zu ihrer unglaublichen Beschleunigung beiträgt.

Besonders große Raubkatzen haben kraftvolle Kiefer und lange Eckzähne, mit deren Hilfe sie ein Beutetier ergreifen und festhalten. Oft treiben sie die Eckzähne beim Zubeißen tief zwischen die Nackenwirbel des Opfers, sodass das Rückenmark durchtrennt wird und die Beute sich nicht mehr bewegen kann. Verliert eine Katze ihre Eckzähne, oder brechen sie auch nur ab, verhungert sie zumeist. Außerdem besitzen Katzen scharfe Reißzähne, mit denen sie Fleischstücke aus ihrer Beute heraustrennen.

Klettern können alle Katzen, auch wenn Löwe und Tiger, die ein beachtliches Gewicht haben können, sich die entsprechenden Bäume genau anschauen müssen, da viele Äste sie nicht tragen würden. So gelingt es beispielsweise dem Leopard manchmal sogar Affen in den Bäumen zu erlegen, also Tiere, die sich bekanntlich besonders behände in luftiger Höhe bewegen. Aber auch wenn ein Leopard eine Beute am Boden gerissen hat, versteckt er sie zumeist hoch oben in einem Baum, damit Hyänen und andere Aasfresser sie nicht erreichen können. Dabei kann er Beutetiere den Stamm hinaufschleppen, die schwerer sind als er selbst.

Zu den besten Kletterern gehören jedoch die südamerikanischen

Langschwanzkatzen, die eine Beute oft nicht nur in hoher Geschwindigkeit einen Baum hinauf verfolgen, sondern den Kopf voran auch den Stamm herunter. Dagegen klettern die meisten anderen Katzen einen Baum vergleichsweise langsam mit den Hinterbeinen zuerst herab (siehe Abbildung Seite 26).

Unsere Hauskatzen sind bekanntlich eher wasserscheu. Für viele andere Katzen gilt das allerdings nicht. So ist beispielsweise der Jaguar ein ganz ausgezeichneter Schwimmer, der häufig in Sümpfen oder an Seen und Flüssen jagt, und dabei auch Kaimane oder Fische erbeutet. Und Tiger schwimmen manchmal sogar ein Stück aufs Meer hinaus, um auf küstennahe Inseln zu gelangen und dort zu jagen.

Liebevolle Mütter

Die meisten Katzen sind Einzelgänger, die fast nur zur Paarungszeit einmal Kontakt mit Artgenossen aufnehmen. Ausnahmen sind Löwen, die Rudel aus miteinander verwandten Weibchen und deren Jungen sowie einigen Männchen bilden, und auch der Gepard lebt häufig in kleinen Gruppen zusammen. Bei den übrigen Arten bilden Männchen und Weibchen dagegen jeweils eigene Reviere. Damit es überhaupt zu einer Fortpflanzung kommt, hinterlassen paarungsbereite Weibchen zumeist Duftmarken, denen ein Männchen folgen kann. Manchmal brüllen die Weibchen aber auch laut, um ein Männchen anzulocken.

Oft folgen den Duftmarken oder den Rufen allerdings mehrere männliche Tiere, sodass es nicht selten zu Kämpfen zwischen Nebenbuhlern kommt, die durchaus blutig verlaufen können. In einem Rudel paart sich normalerweise nur das dominante Männchen mit allen Weibchen.

Fast alle Katzenkinder werden blind geboren, sodass sie anfangs völlig hilflos sind. Zwar öffnen sich nach etwa zehn Tagen die Augen, aber auch dann muss sich die Mutter noch längere Zeit um ihre Jungen kümmern. Normalerweise kommen die Katzenjungen an einem geschützten Platz auf die Welt, etwa in einer Höhle oder einem unterirdischen Bau. Diesen halten die Mütter stets penibel sauber, damit durch den Geruch keine anderen Raubtiere, etwa Hyänen, angelockt werden.

Außerdem wechseln viele Raubkatzenmütter häufiger das Versteck. Dazu tragen sie die Jungen eines nach dem anderen vorsichtig am lockeren Nackenfell in den neuen Unterschlupf.

Normalerweise besitzen die Jungen aus Gründen der Tarnung ein Flecken- oder Streifenmuster. Das gilt auch für Arten, die später ein einfarbiges Fell haben, etwa Pumas oder Löwen. Für die Aufzucht ist – bis auf wenige Ausnahmen – allein die Mutter verantwortlich, während die Väter gleich nach der Paarung wieder ihrer Wege gehen. Bei den in Rudeln lebenden Löwen kümmern sich aber auch die anderen Löwinnen um den Nachwuchs, und wenn ein weiteres Weibchen gleichzeitig Jungen hat, trinken die Jungtiere oft auch bei der jeweils anderen Löwin. Und sogar die Männchen ertragen es zumeist geduldig, wenn die Jungtiere um sie herumtollen oder spielerisch an ihrer Mähne oder ihrem Schwanz ziehen.

Bei anderen Raubkatzen muss das Weibchen ganz allein für die Ernährung und den Schutz der Jungen sorgen. Außerdem lernen die Jungtiere von der Mutter, was man fressen kann und was man besser meidet, wie man sich an eine Beute anschleicht und wie sie erlegt wird, aber auch, vor welchen anderen Lebewesen man sich in Acht nehmen muss. Am Ende ihrer Lehrzeit sollen die Jungtiere bereits gute Jäger sein, weil sie dann oft schon, wenn die Mutter wieder paarungsbereit ist, das Revier, in dem sie groß geworden sind, verlassen und in der Folge für sich selbst sorgen müssen.

Mensch und Raubkatze

Der enge Kontakt zwischen Menschen und Katzen besteht inzwischen schon seit Tausenden von Jahren. So hat man Belege dafür gefunden, dass im heutigen Jericho, einer Oasenstadt im Westjordanland, schon vor etwa 9000 Jahren vereinzelt Katzen gehalten wurden. Und aus dem 6. Jahrtausend vor unserer Zeitrechnung sind bereits Statuen und vereinzelte Bilder mit Katzenmotiven erhalten geblieben, die von einem großen Interesse der damaligen Menschen an diesen Tieren zeugen.

Katzenkult und Katzenmythen

Ein besonders hohes Ansehen besaßen Katzen im Ägypten der Pharaonenzeit. Erkennbar wird das beispielsweise daran, dass die Göttin Bastet, die für den Schutz von Haus und Hof sowie Müttern und Kindern zuständig war, stets mit einem Katzenkopf dargestellt wurde und die Göttin Sechmet, Herrin über Krieg und Krankheit, das Haupt eines Löwen trug. Aber auch die berühmte Sphinx von Giseh, das in Fels gehauene, 20 Meter hohe und über 70 Meter lange Standbild, das vor etwa 2500 Jahren in der Nähe der großen Pyramiden entstand, hat einen Löwenkörper und einen menschlichen Kopf.

Starb die Katze eines wohlhabenden Ägypters wurde sie häufig einbalsamiert und würdevoll bestattet – nicht selten mit einer mumifizierten Maus als Grabbeigabe. Außerdem rasierten sich die Besitzer zumeist als Zeichen ihrer Trauer die Augenbrauen ab. Und wer eine Katze mutwillig tötete, konnte gleichfalls mit dem Tode bestraft werden.

Aber auch die griechische Mythologie ist reich an Sinnbildern von Katzen. So wird Artemis, die Göttin der Jagd, häufig mit Löwen dargestellt, und auch das berühmte Löwentor der bronzezeitlichen Stadt Mykene zieren bekanntlich zwei stattliche Löwen. Und der griechische Sagenheld Herakles musste im Rahmen seiner zwölf Aufgaben den Nemëischen Löwen besiegen, ein eigentlich unverletzliches Fabelwesen, dessen Fell ihn forthin beinahe unverwundbar machte.

Doch auch in der nordischen Sagenwelt spielten Katzen einst eine wichtige Rolle. So hieß es, die germanische Fruchtbarkeitsgöttin Freya würde sich in

einem von Wildkatzen (oder Luchsen) gezogenen Wagen durch die Lüfte bewegen, und in Finnland glaubten die Menschen früher, die Seelen würden nach dem Tod in einem Katzenschlitten zum Himmel auffahren.

Im alten Rom wurden Löwen bekanntlich bei Gladiatorenkämpfen eingesetzt, aber man benutzte sie auch, um eine verhängte Todesstrafe zu vollstrecken. Das sicher

bekannteste Beispiel dafür ist die Geschichte von Daniel in der Löwengrube aus dem Alten Testament. Diesen hatte man in Babylon in ein Verlies mit Löwen geworfen, weil er seinen Gott nicht verleugnen wollte. Daniel über-lebte bekanntlich mit Gottes Hilfe, was aber die absolute Ausnahme gewesen sein muss, da man die Löwen normalerweise längere Zeit hungern ließ, bevor man ihnen einen Gefangenen vorwarf. Der König der Tiere war es aber auch, den sich später zahlreiche Herrschergeschlechter für ihre Wappen auswählten, um so ihre

Machtansprüche deutlich zu machen. Als Beispiele können Heinrich der Löwe (1129–1195) gelten, einer der mächtigsten Reichsfürsten des 12. Jahrhunderts, oder natürlich der berühmte Richard Löwenherz. Aber auch auf dem Staatswappen Dänemarks befinden sich drei Löwen und viele der heutigen Bundesländer in Deutschland haben ebenfalls ein Löwenwappen, etwa Bayern, Hessen oder Thüringen.

In anderen Regionen der Erde waren es naturgemäß die dort lebenden Raubkatzen, die die Fantasie der Menschen beflügelten. So gilt bei einigen noch heute sehr ursprünglich lebenden Ureinwohnern im südamerikanischen Regenwald der Jaguar als Symbol der Schamanen, denn die Menschen glauben, ihr Medizinmann, der häufig ein Jaguarfell trägt, würde sich, nachdem er mit der Geisterwelt Kontakt aufgenommen hat, zur Behandlung von Kranken in die mächtige Raubkatze verwandeln. Die Maya verehrten einen Gott in Jaguargestalt und bei den Azteken Mexikos trugen die ranghöchsten Soldaten, die sogenannten Ritter des Jaguars, ebenfalls Jaguarfelle, damit sich Kraft und Geschicklichkeit, aber auch der Mut der Raubkatzen auf sie übertrug.

Gefürchtete Tiger

Gegenüber dem Tiger, der größten aller Raubkatzen, scheinen die Menschen dagegen schon immer ein eher distanziertes Verhältnis gehabt zu haben. Das ist auch nicht weiter verwunderlich, denn die manchmal über drei Meter langen und mehr als 300 Kilogramm schweren Tiere können mühelos einen Menschen töten. Daher sind die Tiere in den meisten Regionen ihres Verbreitungsgebiets, etwa in Indien, Südostasien und China auch schon seit Urzeiten außerordentlich gefürchtet. Und wenn die Zahlen auch nur einigermaßen zuverlässig sind, dann wurden noch zu Beginn des 20. Jahrhunderts allein in Indien alljährlich bis zu 800 Menschen von Tigern getötet. Außerdem

heißt es, wenn die großen Raubkatzen einmal Menschenfleisch gefressen hätten, würden sie immer wieder Jagd auf die zweibeinige Beute machen.

Schutz vor den nicht ungefährlichen Großkatzen gab es für die Bewohner in vielen Regionen kaum. So war es beispielsweise in Indien früher allein den Maharadschas vorbehalten, Tiger zu jagen, während seine Untertanen die Tiere nicht einmal zu ihrem eigenen Schutz töten durften. Daher trugen vor allem im Wald oder in Waldnähe arbeitende Menschen oft auch eine mit einem Tigergesicht bemalte Holzmaske am Hinterkopf, da es hieß, die stets von hinten angreifenden Tiger würden vor einem Angriff zurückschrecken, wenn sie sich plötzlich einem scheinbaren Artgenossen gegenübersahen.

Trophäenjagd

Als Indien britische Kolonie wurde, setzte dann allerdings ein fürchterliches Gemetzel unter den Tigern ein, weil es bei den Europäern ein beliebter Zeitvertreib war, vom sicheren Rücken eines Elefanten aus einen von Treibern aufgeschreckten Tiger abzuschießen und sich das Fell oder den präparierten Kopf im Haus aufzuhängen. Daher nahm die Zahl der Großkatzen in der gesamten Region schnell ab. Gab es 1930 in Asien noch geschätzte 100 000 Exemplare, waren es zehn Jahre später nur noch etwa 40 000 Tiere und Anfang der Siebzigerjahre des letzten Jahrhunderts sank die Zahl auf vermutlich gerade noch 2000 Individuen.

Aber Tiger waren nicht die einzigen Raubkatzen, die unter der Schießwut des Menschen zu leiden hatten. Auch Löwen, Leoparden, Geparde, Pumas und Jaguare wurden zu Tausenden aus reinem Vergnügen getötet. So sank die Zahl

der afrikanischen Löwen innerhalb von zehn Jahren von ungefähr 200 000 Exemplaren um 90 Prozent auf gerade einmal 20 000 Tiere, und auch viele andere Groß- und Kleinkatzen wurden durch die sogenannte Trophäenjagd stark dezimiert.

Der Pelzhandel

Dagegen hatte der Jaguar vor allem unter dem intensiven Handel mit Fellen zu leiden. Die Bestände der wunderschönen Tiere wurden schließlich so stark dezimiert, dass man schon ein Aussterben der südamerikanischen Raubkatze

befürchten musste. Inzwischen ist aber auch der Handel mit Jaguar- und anderen Großkatzenfellen durch das sogenannte Washingtoner Artenschutzübereinkommen von 1973 untersagt, das inzwischen über 170 Staaten unterzeichnet haben, um bedrohte Tier- und Pflanzenarten zu schützen. Daher haben sich die Bestände vielerorts auch wieder etwas erholt. Außerdem sind inzwischen selbst sehr modebewusste Menschen zu der Einsicht gelangt, dass man nicht unbedingt einen Jaguarfellmantel tragen muss, um attraktiv zu sein.

Daher gibt es inzwischen nach Schätzungen auch wieder etwa 20 000 Exemplare dieser hübschen Raubkatzenart.

Dennoch fallen alljährlich immer noch viele Tiere Wilderern zum Opfer, weil sich mit den Fellen hohe Gewinne auf dem Schwarzmarkt erzielen lassen. Und Ähnliches gilt auch für viele andere Groß- aber auch Kleinkatzen, etwa den ebenso in Südamerika heimischen Ozelot, der wegen seines begehrten Felles ebenfalls fast ausgerottet wurde.

Raubkatzen und „Heilmittel"

Aber nicht nur das Fell bedrohter Raubkatzen ist bei einigen unbelehrbaren Menschen immer noch sehr begehrt, sondern bei bestimmten alternativen Heilverfahren, etwa der traditionellen chinesischen Medizin, gelten Produkte, die aus Teilen wilder Tiere hergestellt werden, außerdem als wirksame Medizin oder Potenzmittel. Das gilt beispielsweise für den sogenannten Tigerwein, der aus den Knochen der Großkatze und Reiswein hergestellt wird, und der bei Rheumatismus, Neurodermitis oder Arthritis helfen soll, während die gemahlenen Krallen der Tiere als Mittel zur Steigerung des Geschlechtstriebs einge-

nommen werden. Aber auch zu Amuletten oder Anhängern verarbeitete Zähne oder Klauen großer Raubkatzen sind bei gewissen Käuferschichten immer noch sehr gefragt, weil es heißt, die Kraft der großen Katze würde auf den Träger der Kette übergehen.

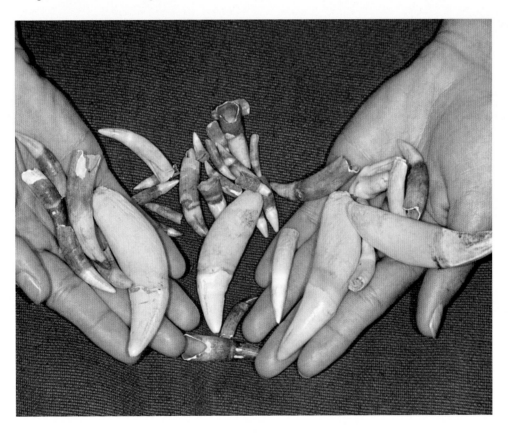

Gefährdung der Lebensräume

Mittlerweile sind alle Großkatzen international geschützt, ebenso wie viele Kleinkatzen. Dennoch nehmen die Bestände bei vielen Arten weiterhin ab. Dafür ist vor allem der Verlust an Lebensraum verantwortlich. Besonders gilt dies für die großen Raubkatzen, die für ihr Überleben oft sehr ausgedehnte Reviere benötigen. Ein Beispiel ist der in Südamerika heimische Jaguar, dessen Lebensraum sich in den letzten Jahrzehnten um etwa die Hälfte verringert hat. Und da die Tiere in manchen Regionen ein bis zu 150 Quadratkilometer großes Revier benötigen, um ausreichend Nahrung zu finden, kann man sich leicht vorstellen, was das für diese Tierart bedeutet.

Besonders stark gefährdet sind bei vielen Raubkatzen vor allem Unterarten, die nur in ganz bestimmten Regionen vorkommen. Ein Beispiel ist der Südchinesische Tiger *(Panthera tigris amoyensis)*, von dem es heute vermutlich nicht mehr als gerade einmal 30 Exemplare gibt. Andere Arten sind dagegen schon ausgestorben, etwa der Kaspische Tiger *(Panthera tigris virgata)*, von dem das letzte Exemplar in den 1970er-Jahren gesichtet wurde oder der Java-Tiger *(Panthera tigris sondaica)*, bei dem dies in den 1980er-Jahren der Fall war. Aber auch kleinere Raubkatzen könnten über kurz oder lang ein ähnliches Schicksal erleiden, etwa die nur 60 Zentimeter große Borneo-Goldkatze *(Catopuma badia)*. Die ausschließlich auf Borneo vorkommende Art ist eine der seltensten Kleinkatzen und man glaubte sogar, sie sei schon ausgestorben. Doch dann entdeckte man Ende des letzten Jahrhunderts überraschenderwei-

se noch einige Exemplare und hofft nun, die Art vielleicht doch noch erhalten zu können. Und da auch für die meisten anderen Raubkatzen inzwischen umfangreiche Schutzmaßnahmen eingeleitet wurden, kann man nur hoffen, dass uns möglichst viele der wunderschönen Tiere erhalten bleiben, damit sich auch spätere Generationen noch an ihnen erfreuen können.

Kleinkatzen

Die Kleinkatzen (Unterfamilie Felinae) sind die größte Gruppe aus der Katzenfamilie, denn zu ihr gehören die meisten der knapp 40 beschriebenen Arten, darunter auch die Wildkatze *(Felis silvestris)* mit ihren drei Unterarten, von denen eine als Stammform unserer Hauskatze gilt. Der Begriff Kleinkatzen ist etwas irreführend, denn zu dieser Unterfamilie werden nicht nur kleine Arten wie die Schwarzfußkatze *(Felis nigripes)* gerechnet, die oft nur eine Körperlänge von 35 Zentimeter erreicht, sondern auch der Puma *(Puma concolor)*, der bis zu zwei Meter lang werden kann. Allen gemeinsam ist allerdings, dass ihr Zungenbein, ein kleiner Knochen an der Wurzel der Zunge, vollständig verknöchert ist. Dadurch schnurren sie sowohl beim Aus- als auch Einatmen, was sie von den Großkatzen (Unterfamilie Pantherinae) unterscheidet, die dies nur beim Ausatmen tun.

Von Australien und der Antarktis einmal abgesehen sind Kleinkatzen auf allen Kontinenten heimisch. Dort bewohnen sie die unterschiedlichsten Lebensräume, darunter Wüsten und Hochgebirgsregionen. In zahlreichen Gebieten ihres ursprünglichen Verbreitungsgebiets sind die Kleinkatzen inzwischen allerdings recht selten geworden, sodass viele von ihnen unter strengen Schutz gestellt werden mussten.

Gepard

BIOLOGISCHER STECKBRIEF

Wissenschaftlicher Name
Acinonyx jubatus

Unterfamilie
Kleinkatzen (Felinae)

Heimat
Afrika und Westasien

Lebensraum
In Graslandschaften und mit Sträuchern bewachsenen Biotopen

Größe
1,0–1,5 m Körperlänge, bis 80 cm Schulterhöhe

Gewicht
20–70 kg

Ernährung
Hauptsächlich kleinere und mittelgroße Säugetiere

Der Gepard unterscheidet sich in bestimmten, für wichtig erachteten Merkmalen von allen anderen Mitgliedern der Katzenfamilie, sodass man ihn früher sogar in eine eigene Unterfamilie (Acinonychinae) gestellt hat. Zu diesen Abweichungen gehören einige anatomische Besonderheiten, etwa der Bau des Schädels, des Gebisses sowie der Beine und Krallen. Aber auch das Jagdverhalten des Gepards, der als schnellstes Landsäugetier der Erde gilt, weicht von dem seiner Verwandten ab, denn Geparde sind Hetzjäger, während sich andere Katzen möglichst nah an eine Beute anschleichen, um sie dann im Sprung oder einem kurzen Sprint zu erlegen. Allerdings haben neuere moleku-

larbiologische Untersuchungen gezeigt, dass der Gepard tatsächlich nah mit dem Puma *(Puma concolor)* und der Wieselkatze *(Puma yaguarundi)* verwandt ist. Daher stellt man ihn nun in die Gruppe der Kleinkatzen.

Der Gepard gilt als das schnellste Landsäugetier der Erde, denn er kann kurzzeitig eine Geschwindigkeit von fast 120 Kilometer pro Stunde erreichen. Möglich ist das, weil Geparde einen windschnittigen, ganz auf Geschwindigkeit ausgerichteten schlanken Körper mit einem sehr elastischen Rückgrat, kräfti-

gen Muskeln, großen Lungen und auffällig langen Beinen besitzen. Außerdem kommt ihnen bei ihren Spurts zugute, dass sich ihre Krallen nicht einziehen lassen. Daher wirken diese wie die Nagelschuhe (Spikes) eines Leichtathleten, was ebenfalls zu der unglaublichen Laufleistung der Tiere beiträgt.

Das Fell ist zumeist gelblich mit einer Zeichnung aus schwarzen Punkten. Typisch für alle Geparde ist außerdem der rundliche Kopf mit schwarzen

Längsstreifen im Gesicht. Es gibt mehrere geografische Unterarten, die sich zumeist in der Färbung und Zeichnung unterscheiden.

Der bevorzugte Lebensraum des Gepards sind Trockensavannen, in denen zahlreiche grasfressende Gazellen und Antilopen leben, von denen er sich hauptsächlich ernährt. Bei der Jagd verfolgen Geparde allerdings eine Taktik, die sich deutlich vom Verhalten anderer Katzen unterscheidet. Denn während sich diese an ein Beutetier anschleichen, um es dann zumeist im Sprung zu schlagen, laufen Geparde hinter ihrem Opfer her und versuchen es einzuholen. Zunächst nähern sie sich einem möglichen Opfer allerdings ebenfalls durch vorsichtiges Anpirschen. Aber wenn sie bis auf eine Entfernung von 20 bis 100 Meter herangekommen sind, stürzen sie plötzlich los und verfolgen die fliehende Beute. Und weil die eleganten Tiere innerhalb von etwa drei Sekunden auf bis zu 90 Kilometer pro Stunde beschleunigen können, gelingt es ihnen vergleichsweise häufig, ein Beutetier einzuholen und zu töten.

Bei der Verfolgungsjagd ist der Körper der Geparde wie ein Bogen gespannt, sodass die Hinterbeine weit vor den Vorderbeinen aufsetzen, während der lange, weit nach hinten gestreckte Schwanz dazu dient, die Balance zu halten. Haben sie ihr Opfer erreicht, versetzen sie ihm einen Schlag mit den Vorderpfoten, um es zu Fall zu bringen, und töten es dann durch einen Biss in die Kehle. Erreichen sie das Beutetier nicht innerhalb weniger Hundert Meter oder misslingt der Versuch, das Opfer niederzureißen, geben sie auf und das verfolgte Tier ist gerettet.

Gepard

Während andere Katzen nachts auf Beutefang gehen, jagt der Gepard tagsüber. Zu seiner Hauptbeute gehören nicht zu große Gazellen und Antilopen, er frisst aber auch Hasen, Nagetiere oder Vögel. An größere Huftiere wie Zebras oder Gnus wagen sich die nicht allzu kräftigen Tiere allerdings eher selten heran. Ist es ihnen gelungen, ein Beutetier einzuholen und zu töten, reißen sie ihm nach einer kurzen Erholungsphase die Bauchdecke auf und fressen zuerst die Innereien.

Häufig werden die schnellen Katzen aber auch um den Lohn ihrer Mühe gebracht, weil ihnen stärkere Tiere wie Löwen und Leoparden oder auch in

Gruppen umherstreifende Arten, etwa Hyänen, die Beute streitig machen. In solchen Fällen räumen Geparde zumeist schnell das Feld, da sie kaum eine Chance haben, sich gegen die anderen Raubtiere durchzusetzen, sondern eher eine Verletzung oder gar ihr Leben riskieren. Lieber versuchen sie es dann später mit einer erneuten Jagd. Bei ausgewachsenen Geparden ist der Verlust eines Nahrungstiers normalerweise kein größeres Problem, denn es reicht, wenn sie alle zwei bis fünf Tage Beute machen. Schwieriger wird es allerdings bei Weibchen, die Jungtiere aufziehen. Sie müssen möglichst häufig etwas zu Fressen herbeischaffen, damit die kleinen Geparde nicht verhungern.

Während die meisten anderen Katzen außerhalb der Paarungszeit ein einzelgängerisches Leben führen, sieht man Geparde nur selten allein. So werden die Weibchen noch eine längere Zeit von den Jungtieren ihres letzten Wurfes begleitet und auch die Männchen bilden in der Regel zusammen mit ihren Brüdern ein festes Rudel. Nur Weibchen, die keine Jungen haben, leben allein. Sowohl Weibchen als auch die Rudel aus männlichen Tieren bilden Reviere, die sich über eine Fläche von bis zu 100 Quadratkilometer erstrecken können. Abgegrenzt werden sie durch Duftmarken, die ganz augenscheinlich von anderen Geparden respektiert werden, denn es kommt sehr selten zu Begegnungen mit Artgenossen oder gar zu Streitigkeiten.

Zur Fortpflanzungszeit suchen einzelne Männchen die Reviere weiblicher Geparde auf, um sich dort mit ihnen zu paaren. Etwa drei Monate später werden dann die Jungen geboren. In der Regel sind es bis zu fünf kleine gelblich graue Katzenbabys mit einer langen Rückenmähne. Sie wiegen anfangs nur etwa 250 Gramm, wachsen aber schnell und begleiten dann im Alter von etwa vier Monaten ihre Mutter auf der Jagd, um von ihr alle Tricks zu lernen, die sie für ihr späteres Leben benötigen.

Gepard

In den ersten Lebensmonaten sind die Junggeparde besonders durch andere Raubtiere gefährdet, etwa Löwen, die stets versuchen, andere Fleischfresser aus ihrem Jagdrevier fernzuhalten. Und während die vergleichsweise schwerfälligen Großkatzen einem ausgewachsenen Gepard eher selten gefährlich werden, gilt dies für Jungtiere nicht. Vor allem wenn die Weibchen auf die Jagd gehen und den Wurf schutzlos in einem Versteck zurücklassen müssen, werden sie oft von Löwen aufgespürt, die dann sofort den gesamten Wurf töten. Aber auch Hyänen erbeuten sehr häufig junge Geparden und fressen sie.

Einst hatten Geparde ein sehr großes Verbreitungsgebiet, das vom Mittelmeer bis nach Südafrika – ausgenommen die innere Sahara und Regenwälder – und von der Arabischen Halbinsel bis nach Indien reichte. Heute findet man größere Bestände dagegen fast nur noch in ausgewiesenen Schutzgebieten südlich der Sahara, während sie in vielen Regionen, in denen die Art früher häufig war, etwa in Teilen Indiens, inzwischen längst ausgestorben sind.

Zur Verringerung der Wildbestände trug unter anderem bei, dass Geparde früher beliebte Objekte für die Großwildjagd waren, sodass unzählige Exemplare aus reinem Vergnügen abgeschossen wurden. Aber auch Zoos mussten ihren Bedarf in der Vergangenheit mit Tieren aus der Wildnis decken, weil sich die großen Katzen lange nicht in Menschenobhut nachzüchten ließen (dies gelingt erst seit etwa 50 Jahren). Das größte Problem ist aber wohl, dass der Lebensraum für Geparde im Lauf der Zeit immer kleiner wurde, da viele Gebiete, in denen sie heimisch waren, als Weideland genutzt werden. Und weil die Tiere in solchen Gegenden als mögliche Gefährdung für die Viehbestände angesehen werden, verfolgt und tötet man sie dort immer noch recht häufig.

Zoos und Tierparks waren aber nicht die Einzigen, die ihren Bedarf an Tieren früher aus der Natur deckten. Da Geparde vergleichsweise leicht zu zähmen sind, wurden sie schon von den Sumerern und Ägyptern der Pharaonenzeit als Helfer bei der Jagd eingesetzt. So berichtet der berühmte Weltreisende Marco Polo, der Mitte des 13. Jahrhunderts auch den Mongolenherrscher Kublai besuchte, dass der mächtige Khan etwa 1000 Jagdgeparden in seinem Besitz gehabt habe. Diese wurden bei Bedarf in die Nähe des Jagdwilds gebracht und dann losgelassen. War die Hatz erfolgreich und die Tiere konnten beispielsweise eine Antilope reißen, eilten die Jäger herbei und bemächtigten sich der Beute, von der der Gepard dann die Innereien als Belohnung erhielt.

Aber auch europäische Fürsten hielten sich manchmal Jagdgeparde, etwa der österreichische Kaiser Leopold I, der von Zeit zu Zeit mit den schnellen Katzen im Wienerwald Hasen und Rotwild jagte. Und eine Zeit lang umgaben sich sogar Filmstars und andere Prominente mit den vergleichsweise friedfertigen Raubkatzen, die sie dann gern an der Leine spazieren führten. Glücklicherweise ist das aber inzwischen wieder aus der Mode gekommen. Heute gibt es nach Schätzungen noch etwa 12 000 Geparde, die meisten davon wohl in den Schutzgebieten Namibias. In Asien gibt es inzwischen nur noch winzige Restbestände, vor allem im Iran.

Karakal

Der Karakal wird auch Wüstenluchs genannt, weil er ein wenig wie ein Luchs (Gattung *Lynx*) aussieht, was vor allem an den Haarbüscheln an der Spitze der Ohren liegt. Die Art ist mit den Luchsen aber nicht näher verwandt, und die Tiere kommen auch nicht nur in Wüsten vor, sondern bewohnen die unterschiedlichsten Trockenbiotope, darunter Halbwüsten, Steppen, Dornbuschsavannen, Trockenwälder und trockene Gebirgsbiotope bis 3000 Meter Höhe. In Sandwüsten wie der Sahara findet man ihn dagegen nicht, ebenso wenig wie in den Regenwaldgebieten Zentralafrikas.

Das Fell der hübschen Tiere ist normalerweise rötlich bis braun oder auch sandfarben; Kinn, Kehle und Bauch haben eine weiße Färbung. Typisch sind außerdem die von den Augen zur Nase verlaufenden schwarzen Streifen und die etwas verlängerten Hinterbeine. Die großen Ohren mit den auffälligen Haarbüscheln sind an der Außenseite schwarz gefärbt, und diesem Umstand verdanken die Tiere auch ihren Namen, denn der leitet sich vom türkischen „kara kulak" ab, was so viel wie „Schwarzohr" bedeutet.

Das Verbreitungsgebiet der hübschen Katze erstreckt sich von Indien über Pakistan, Afghanistan und den Iran bis zum Aralsee; außerdem kommen die Tiere in weiten Teilen Afrikas vor. Normalerweise leben und jagen Karakals als Einzelgänger in einem eigenen Revier, dessen Grenzen mit Duftmarken markiert werden. Allerdings überlappen sich die Reviere unterschiedlicher Individuen häufig. Dabei kann es sich sowohl um die Territorien männlicher als auch weiblicher Tiere handeln, die sich aber wegen der überall abgesetzten Duftmarken dennoch leicht aus dem Weg gehen können.

Die Größe der einzelnen Reviere kann ganz unterschiedlich sein. So halten einige Karakals ein Gebiet von rund 200 Quadratkilometer besetzt, während die

Territorien in anderen Regionen nur eine Fläche von etwa 50 Quadratkilometer einnehmen. Dies ist zunächst einmal nicht weiter ungewöhnlich, weil die Reviergröße zumeist vom jeweiligen Nahrungsangebot abhängt. Bei den Karakals scheinen aber noch andere Faktoren eine Rolle zu spielen, denn man hat festgestellt, dass sich auch Reviere mit vergleichbarem Nahrungsangebot beträchtlich in der Größe unterschieden.

Vor allem während der Sommermonate gehen die Tiere normalerweise fast ausschließlich nachts auf die Jagd, während sie den heißen Tag in Felsspalten, Dickichten oder in den verlassenen Bauten anderer Tiere, zum Beispiel in einer Stachelschweinhöhle verbringen. In den kühleren Wintermonaten kann man sie dagegen oft auch in den Morgen- und Abendstunden auf der Pirsch beobachten. Da Wasser in ihrem Lebensraum häufig knapp ist, decken sie den größten Teil ihres Flüssigkeitsbedarfs über die Beutetiere. Daher können die Tiere auch längere Zeit ohne Wasseraufnahme überleben.

Zu den bevorzugten Nahrungstieren der Karakals gehören die verschiedensten Nager und Hasen, sie fressen aber auch Klippschliefer, Zwergantilopen (Dikdiks) und die Jungtiere größerer Antilopenarten oder Gazellen. Ausgewachsene Exemplare versuchen manchmal sogar Beutetiere zu erlegen, die deutlich größer sind als sie selbst, sodass man sie in einigen Regionen ihres Verbreitungsgebiets wegen des unerschrockenen Jagdverhaltens auch „Kleiner Löwe" nennt.

Karakals sind aber auch bekannt dafür, dass sie sehr erfolgreich Vögel im Flug jagen. Dazu springen sie aus dem Stand manchmal bis zu drei Meter hoch, um die fliegende Beute mit den Pfoten auf den Boden zu holen. Und haben sie sich an einen Schwarm angeschlichen, gelingt es ihnen manchmal sogar mehrere Vögel mit einem Sprung zu erbeuten.

Karakals klettern aber auch ausgezeichnet, und sie sind über kurze Strecken recht schnelle Sprinter. Normalerweise pirschen sie sich allerdings an Beutetiere heran, um sie dann mit einem plötzlichen Sprung zu erlegen. In eini-

gen Regionen vergreifen sich die Karakals leider immer wieder einmal an jungen Ziegen oder Schafen, sodass sie dort von den Viehzüchtern gnadenlos verfolgt werden. Daher ist die Art in Teilen Indiens und einigen anderen Gebieten auch schon recht selten geworden.

Zur Paarungszeit finden die Männchen ihre Partnerin normalerweise durch spezielle Duftmarken, die von fortpflanzungsfähigen Weibchen abgesetzt werden. Die bis zu vier Jungen, die oft eine Tüpfelzeichnung auf der Unterseite zeigen, werden nach einer Tragzeit von 70 bis 80 Tagen geboren. Sie sind anfangs noch völlig hilflos, sodass sie noch monatelang von der Mutter versorgt werden müssen. Erst mit etwa einem Jahr gehen sie dann ihre eigenen Wege, wobei die jungen Männchen oft weit umherstreifen, um sich ein eigenes Revier zu suchen, während die Weibchen nicht selten ein Revier in der Nähe ihres Geburtsorts suchen, das sich häufig mit dem

der Mutter überschneidet. Erst mit knapp zwei Jahren sind die jungen Karakals schließlich ausgewachsen. Wie alt die Tiere in der Natur werden, ist nicht bekannt, aber in Zoos haben einzelne Exemplare schon ein Alter von knapp 20 Jahren erreicht.

Da sich der Karakal vergleichsweise leicht zähmen lässt, wurden die Tiere früher auch zur Jagd von Federwild, Hasen und Antilopen abgerichtet, vor allem in Indien und im Iran. Nach Schätzungen gibt es zurzeit noch etwa 50 000 Exemplare dieser Tierart.

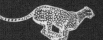

Asiatische Goldkatze

Die Asiatische Goldkatze hat häufig ein grau-braunes bis goldbraunes Fell, es gibt aber auch braune bis fast schwarze Exemplare. Ein typisches Merkmal ist außerdem die Streifenzeichnung im Gesicht, und in einigen Regionen haben die Katzen ein Fleckenmuster auf dem Körper. Die nachtaktiven Tiere leben zwar überwiegend in Wäldern und können auch ausgezeichnet klettern, aber sie halten sich dennoch überwiegend am Boden auf. Dort jagen sie vor allem Mäuse und Ratten, aber auch Vögel und die Jungen größerer Säugetiere. Außerdem sollen sie manchmal Echsen fressen.

Besonders durch die ständig fortschreitende Vernichtung der Regenwälder in ihrem Verbreitungsgebiet ist die Zahl dieser hübschen Tiere, die etwa doppelt so groß wie eine Hauskatze werden, seit Jahren rückläufig. Außerdem wird die Goldkatze in Teilen Chinas gejagt und gegessen, und die Knochen verwendet man zudem in der traditionellen chinesischen Medizin. Daher gilt die Art inzwischen auch als in ihrem Bestand gefährdet. Glücklicherweise lässt sie sich aber in menschlicher Obhut nachzüchten, sodass inzwischen Erhaltungszuchtprogramme angelaufen sind, um später Tiere wieder auswildern zu können.

BIOLOGISCHER STECKBRIEF

Wissenschaftlicher Name
Catopuma temminckii

Unterfamilie
Kleinkatzen (Felinae)

Heimat
Südostasien

Lebensraum
Sowohl tropische Regenwälder als auch trockene Wälder und felsiges Buschland

Größe
75–105 cm Körperlänge, bis 50 cm Schulterhöhe

Gewicht
8–16 kg

Ernährung
Kleinere Säugetiere und Vögel

Asiatische Goldkatze

Eine ähnliche, aber mit höchstens 60 Zentimeter Körperlänge deutlich kleinere Art ist die Borneo-Goldkatze *(Catopuma badia)*. Sie kommt nur auf Borneo vor und gehört zu den seltensten Kleinkatzen der Erde. Über ihr Verhalten und ihre Lebensweise ist fast nichts bekannt und weil man über Jahrzehnte kein Tier mehr gesehen oder gefangen hatte, nahm man schon an, sie sei ausgestorben. Aber dann gab es Ende des letzten Jahrhunderts doch wieder einige Sichtungen und es wurde zufällig sogar ein Exemplar gefangen. Allerdings handelte es sich um ein krankes und stark abgemagertes Tier, das schon bald darauf starb.

Rohrkatze

BIOLOGISCHER STECKBRIEF

Wissenschaftlicher Name
Felis chaus

Unterfamilie
Kleinkatzen (Felinae)

Heimat
Asien und Nordafrika

Lebensraum
Sümpfe und andere
Feuchtgebiete

Größe
55–75 cm Körperlänge, bis
50 cm Schulterhöhe

Gewicht
5–12 kg

Ernährung
Hauptsächlich Kleinsäuger
und Vögel

Das Verbreitungsgebiet der Rohrkatze reicht von Thailand über Indien und Vorderasien bis Oberägypten. Es handelt sich um schlanke, graugelbe bis gelbbraune Tiere, die man vor allem in Sümpfen und Auwäldern, an Gewässerufern und auf Feuchtwiesen findet. Dies erklärt auch den Namen, denn die überwiegend tagaktiven Tiere sind häufig im Röhricht ihrer feuchten Lebensräume auf der Jagd nach Nagetieren und Wasservögeln, aber auch Reptilien und Fröschen.

Da die Tiere, die ausgezeichnet schwimmen können, Feuchtbiotope als Lebensraum bevorzugen und zudem einen vergleichsweise kurzen Schwanz

und kleine Haarpinsel an den Ohren haben, nennt man die Art auch Sumpfluchs. Tatsächlich sind Rohrkatzen mit den Luchsen aber nicht näher verwandt. Außerdem findet man sie nicht ausschließlich in Sümpfen und anderen Feuchtgebieten, sondern in einigen Regionen oft sogar in der Nähe menschlicher Siedlungen, wo sie in Getreidefeldern nach Mäusen und Ratten suchen. Allerdings vergreifen sie sich dort nicht selten auch am Geflügel der Bauern.

Die drei bis fünf Jungen der Rohrkatze kommen zumeist in einer unterirdischen Höhle, beispielsweise in einem verlassenen Stachelschweinbau oder einem anderen trockenen Unterschlupf, zur Welt. Sie sind anfangs noch deutlich gestreift, aber die Zeichnung verliert sich dann mit zunehmendem Alter.

Manul

BIOLOGISCHER STECKBRIEF

Wissenschaftlicher Name
Felis manul

Unterfamilie
Kleinkatzen (Felinae)

Heimat
Zentralasien

Lebensraum
Steppengebiete und Felsbiotope

Größe
50–65 cm Körperlänge, bis
30 cm Schulterhöhe

Gewicht
2,5–4,5 kg

Ernährung
Nagetiere, Pfeifhasen und
gelegentlich Steppenhühner

Der ein wenig plump wirkende
Manul, teils auch in einer eigenen Gattung *Otocolobus* geführt, ist die langhaarigste
aller Kleinkatzen. Dass die
Tiere ein so langes und dich-
tes, zumeist gelbgrau bis rötlich gefärbtes und oft silbrig
überlaufenes Fell besitzen, ist

den zumeist recht unwirtlichen Bedingungen geschuldet, unter denen die Tiere leben. So findet man sie beispielsweise in den rauen Hochsteppen Zentralasiens, aber auch an baumlosen Gebirgshängen bis zu einer Höhe von fast 5000 Meter, wo vor allem im Winter ein oft eisiger Wind bläst. Typisch für die gedrungene, kurzbeinige Katze sind außerdem der breite Kopf mit den kleinen, seitlich ansitzenden Ohren und die besonders langen Barthaare.

Die Tiere ernähren sich vor allem von Nagern, aber auch Pfeifhasen und anderen kleinen Säugertieren bis zur Größe eines Meerschweinchens, denen sie in der Regel in der Dämmerung und Dunkelheit nachstellen. Den Tag verbringen sie dann schlafend an einem gut geschützten Platz, etwa verlassenen Murmeltierbauen, Höhlen oder Felsspalten. In der Vergangenheit wurde die auch Pallaskatze genannte Art wegen ihres Felles stark bejagt, aber inzwischen stehen die Tiere in vielen Regionen unter Schutz, weil die Bestände stark zurückgegangen sind. Manchmal ist zu lesen, der Manul sei die Stammform der ebenfalls langhaarigen Perserkatze, einem beliebten Heimtier. Das trifft allerdings nicht zu, sondern auch diese stammt, wie alle Hauskatzen, von der Wildkatze *(Felis silvestris)* ab.

Sandkatze

BIOLOGISCHER STECKBRIEF

Wissenschaftlicher Name
Felis margarita

Unterfamilie
Kleinkatzen (Felinae)

Heimat
Arabische Halbinsel, Mittlerer
Osten und Nordafrika

Lebensraum
Wüstengebiete

Größe
40–45 cm Körperlänge, bis
30 cm Schulterhöhe

Gewicht
1,5–3,5 kg

Ernährung
Kleinsäuger, Vögel und Reptilien,
aber auch Insekten und Spinnen

Die auch Sicheldünen- oder Wüstenkatze genannte Art hat ein gelbliches, dunkel gezeichnetes Fell, durch das die Tiere in ihrem Lebensraum, den Wüstengebieten der Arabischen Halbinsel, des Mittleren Ostens und Nordafrikas, ausgezeichnet getarnt sind. Außerdem haben sie einen breiten, abgeplatteten Kopf mit weit außen am Schädel sitzenden Ohren, der kaum hervorsteht, wenn sie sich in ihrem Lebensraum, wo es kaum Pflanzenwuchs und andere Deckungsmöglichkeiten gibt, flach an den Boden gedrückt an eine Beute anschleichen. Aber auch die drahtigen Polster aus langen Haaren unter ihren Pfoten sind eine Anpassung an ihre unwirtliche Umgebung, denn sie ermöglichen es den Katzen, sich relativ problemlos auf lockerem Untergrund

zu bewegen. Die dichten, filzig behaarten Sohlen schützen die Tiere aber auch vor dem oft glühend heißen Wüstensand.

Ungewöhnlich ist auch der Paarungsruf der kleinen Katzen, der eher an das Bellen eines Hundes erinnert. Die Jungen werden nach einer Tragzeit von etwa zwei Monaten geboren und wiegen nur etwa 50 Gramm. Sie bleiben ungefähr sechs bis acht Monate bei der Mutter, um alles über die beschwerliche Nahrungssuche in der Wüste zu lernen. Nach rund einem Jahr werden sie dann geschlechtsreif und gehen ihrer eigenen Wege.

Schwarzfußkatze

Man könnte annehmen, die kleine Schwarzfußkatze sei leicht an ihren dunklen Füßen zu erkennen, aber das trifft nur bedingt zu. Auf jeden Fall müsste man genauer hinschauen, denn die Tiere verdanken ihren umgangssprachlichen Namen einem schwarzen Sohlenstreifen an den Hinterfüßen, der allerdings bei normaler Körperhaltung nicht zu sehen ist. Die Grundfärbung des Felles ist rötlich gelb mit einem dunklen Streifen- und Fleckenmuster, sodass die Katzen in ihrem Lebensraum, wo es viele rötliche Böden gibt, gut getarnt sind.

Zu sehen bekommt man die sehr scheuen Tiere kaum einmal, dafür aber manchmal zu hören, denn sie haben eine sehr laute Stimme, die man einer so kleinen Katze eigentlich überhaupt nicht zutrauen würde. Der Grund dafür ist vermutlich das weit zerstreute Vorkommen der Tiere, die in ihrem kärglichen Lebensraum sehr große Reviere bilden, um überhaupt ausreichend Nahrung zu finden. Um zur Paarungszeit aber dennoch einen Partner zu finden, benötigen die Tiere eine laute Stimme, damit sie Kontakt zueinander halten können. Eher ungewöhnlich sind aber auch die vergleichsweise kleinen Füße ohne dicke Haarpolster, die Wüstenkatzen sonst oft haben.

BIOLOGISCHER STECKBRIEF

Wissenschaftlicher Name
Felis nigripes

Unterfamilie
Kleinkatzen (Felinae)

Heimat
Süd- und Südwestafrika

Lebensraum
Trockensteppen und Halbwüsten

Größe
35–50 cm Körperlänge, bis 25 cm Schulterhöhe

Gewicht
1,5–2,5 kg

Ernährung
Vor allem Kleinsäuger, aber gelegentlich auch Vögel und größere Insekten

Wildkatze

BIOLOGISCHER STECKBRIEF

Wissenschaftlicher Name
Felis silvestris

Unterfamilie
Kleinkatzen (Felinae)

Heimat
Europa, West- und Mittelasien
sowie große Teile Afrikas

Lebensraum
Wälder, Steppengebiete
und Wüsten

Größe
55–80 cm Körperlänge, bis
35 cm Schulterhöhe

Gewicht
4–8 kg

Ernährung
Kleinsäuger, aber auch Vögel,
Echsen, Frösche, Fische und
große Insekten

Die Wildkatze ist eine von nur zwei Arten, die auch in Mitteleuropa heimisch ist (die zweite ist der Eurasische Luchs, *Lynx lynx*). Sie kommt aber auch in zahlreichen anderen Regionen vor, denn ihr gesamtes Verbreitungsgebiet erstreckt sich über weite Teile Europas, Afrikas und Asiens.

Man unterscheidet drei Unterarten, die sich äußerlich zum Teil recht deutlich unterscheiden. Im Einzelnen sind dies die Europäische Wildkatze *(Felis silvestris silvestris)*, die in Europa und Vorderasien vorkommt, die Afrikanische

Wildkatze oder Falbkatze *(Felis silvestris lybica)*, die in Afrika und auf der Arabischen Halbinsel lebt, sowie die Asiatische Wildkatze oder Steppenkatze *(Felis silvestris ornata)*, die in Asien beheimatet ist.

Die Europäische Wildkatze

Die auch Waldkatze genannte Unterart sieht auf den ersten Blick aus wie viele unserer Hauskatzen, sie ist aber dennoch nicht deren Stammform. Das Fell hat eine graue bis gelbgraue Färbung mit einem weißen Kehlfleck, außerdem besitzen die Tiere einen dunklen Rückenstreifen und ein oft etwas undeutliches Streifen- oder Fleckenmuster. Typisch sind aber auch das etwas längere Fell und der dicht behaarte Schwanz, der normalerweise eine dunkle Spitze und häufig eine schwarze Ringzeichnung aufweist. Außerdem ist die Wildkatze etwas größer als die meisten domestizierten Formen.

In Biotopen, wo die Tiere noch weitgehend ungestört sind, kann man Wildkatzen häufiger auch tagsüber auf der Jagd beobachten, während sie in dichter besiedelten Gebieten vorzugsweise in der Abenddämmerung und im Morgengrauen oder sogar nachts auf Beutefang gehen. Die bevorzugten Lebensräume sind nicht zu dichte Laub- und Mischwälder, sie kommen zur Nahrungssuche aber manchmal auch auf Getreidefelder in Waldnähe. Die Hauptnahrung der Tiere besteht aus Kleinsäugern, sie fressen jedoch auch Vögel, junge Hasen oder Kaninchen und sogar Echsen, Frösche, Fische und größere Insekten.

Die meiste Zeit des Jahres leben Wildkatzen als Einzelgänger in einem eigenen Revier, aus dem Artgenossen außerhalb der Paarungszeit vehement vertrieben werden. Markiert wird dieser Bereich durch Duftmarken aus Drüsen am Schwanz und After, die aber auch der Partnerfindung dienen können. So werden von den Weibchen im zeitigen Frühjahr Kater angelockt, die in dieser Jahreszeit häufig ihre Reviere verlassen, um sich ein Weibchen zu suchen.

Kommt es zu einer Paarung, bringen die weiblichen Tiere nach einer Tragzeit von etwa zwei Monaten an einem geschützten Platz bis zu vier Kätzchen zur Welt. Diese sind zwar anfangs noch blind und völlig hilflos, wachsen dann aber vergleichsweise schnell. Daher können sie schon nach etwa drei weiteren Monaten für sich selbst sorgen und werden dann auch von der Mutter vertrieben, weil diese ihr Revier im Winter wieder für sich selbst benötigt.

Früher wurden Wildkatzen als angebliche „Schädlinge" stark bekämpft, nicht zuletzt von Jägern, weil es hieß, sie würden auch die Jungen von Reh und Hirsch reißen, was allerdings nicht zutrifft, es sei denn, es handelt sich um kranke und sehr schwache Tiere. Heute ist die Wildkatze, die in Mitteleuropa schon kurz vor der Ausrottung stand, überall im deutschsprachigen Raum streng geschützt, sodass sich die Bestände in einigen Regionen bereits wieder deutlich erholt haben.

Die Afrikanische Wildkatze

Diese Unterart, die auch Falbkatze genannt wird, gilt als Stammform unserer Hauskatze. Sie kommt in ganz Afrika mit Ausnahme der dortigen Wüsten und Regenwälder vor, aber auch auf einigen Mittelmeerinseln, etwa Sizilien und Sardinien. Es handelt sich um sandfarbene bis gelblich graue oder manchmal auch rötlich braune Tiere, die gefleckt, gestreift oder auch fast ohne Zeichnung sein können (siehe Abbildung rechts).

Die Falbkatze gilt als Stammform unserer Hauskatze. Sie begann die Nähe des Menschen wahrscheinlich schon zu einer Zeit zu suchen, als dieser vom Jäger und Sammler zum Ackerbauern geworden war und anfing, Getreidevorräte anzulegen, die vor allem Mäuse anlockten, sodass die Katzen ein reiches Nahrungsangebot vorfanden.

Im Ägypten der Pharaonenzeit waren Katzen dann schon regelmäßiger Begleiter der damaligen Menschen und sie standen in einem so hohen Ansehen, dass man viele nach ihrem Tod sogar einbalsamierte. Insgesamt hat man in ägyptischen Gräbern Millionen solcher Katzenmumien gefunden. Bei der Ausgrabung eines Tempels im 19. Jahrhundert waren es sogar rund 300 000 Exemplare an einer einzigen Stelle, die leider alle nach England verschifft und zu Dünger zermahlen wurden. Wie hoch das Ansehen der Katzen im damaligen Ägypten war, lässt sich aber auch daraus ersehen, dass jemand, der eine Katze tötete, selbst mit dem Tode bestraft werden konnte.

Nachdem man erkannt hatte, wie wertvoll die Dienste waren, die Katzen dem Menschen bei der Verfolgung von Mäusen und Ratten leisteten, die seine lebenswichtigen Getreidevorräte dezimierten, gelangten die Kulturfolger bald auch in andere Gebiete des Mittelmeerraums und später in alle Welt. Inzwischen gehört die Katze zu den häufigsten und beliebtesten Haus- und Heimtieren, wobei sie sich aber ihren unabhängigen Charakter und ihren Jagdtrieb bis heute erhalten hat.

Die Asiatische Wildkatze

Die Asiatische Wildkatze oder Steppenkatze hat ein sand- bis ockerfarbenes Fell mit einem dunklen Fleckenmuster. Sie kommt vom Nahen Osten über Teile

Indiens bis nach Zentralasien vor, wo sie vor allem Busch- und Grassteppen, trockene Wäldern sowie Wüstengebiete bewohnt. Dort ernährt sie sich hauptsächlich von Kleinsäugern, sie frisst aber auch Vögel, Echsen, Frösche, Fische und große Insekten.

Auch diese einzelgängerische Unterart bildet Reviere, die oft recht groß sein können und durch Duftmarken abgegrenzt werden. Die Weibchen bringen bis zu sechs Jungtiere zur Welt, die ihre Mutter bereits wenige Wochen später auf der Jagd begleiten und ab einem Alter von sechs Monaten entwöhnt und dann auch aus dem Revier vertrieben werden.

Pampaskatze

BIOLOGISCHER STECKBRIEF

Wissenschaftlicher Name
Leopardus colocolo

Unterfamilie
Kleinkatzen (Felinae)

Heimat
Südliches Südamerika

Lebensraum
Offenes Grasland
und Waldränder

Größe
55–70 cm Körperlänge, bis
35 cm Schulterhöhe

Gewicht
3–4 kg

Ernährung
Vor allem Vögel, aber auch
Nagetiere, darunter Meer-
schweinchen

Bei dieser Katze lässt sich
unschwer erraten, dass sie in
den baumlosen Grassteppen
Südamerikas, der Pampa,
heimisch ist. Dort ernährt sie
sich überwiegend von am
Boden lebenden Vögeln, sie
erjagt aber ebenso Meer-

schweinchen oder andere Nagetiere, und sie dringt nicht selten auch einmal in Hühnerställe ein. Die kurzbeinigen Katzen haben ein silber- oder rötlich graues bis bräunliches Fell, das zudem oft dunkel gefleckt ist. Typisch sind aber auch die trippelnde Art der Fortbewegung und die sehr langen Haare am Rücken, die bei einer Bedrohung aufgestellt werden, um größer zu erscheinen.

Südamerika ist auch die Heimat der sehr ähnlich aussehenden Anden- oder Bergkatze (*Leopardus jacobitus*, siehe Abbildung rechts), die aber eine echte Hochgebirgsbewohnerin ist. Finden kann man sie an unzugänglichen, steilen Felshängen der Hochanden, wo die Tiere bis zu einer Höhe von über 5000 Meter vorkommen. Von der Pampaskatze lässt sie sich vor allem anhand des längeren Felles unterscheiden, das sie vor der Kälte in großen Höhen schützt, und an ihrem sehr langen, buschigen Schwanz. Sie ernährt sich von Kleinsäugern, darunter Chinchillas. Ansonsten ist über die wohl ziemlich seltene Katze kaum etwas bekannt.

Ozelot

BIOLOGISCHER STECKBRIEF

Wissenschaftlicher Name
Leopardus pardalis

Unterfamilie
Kleinkatzen (Felinae)

Heimat
Vom Süden der USA bis nach
Südamerika; auch auf Trinidad

Lebensraum
Vorzugsweise Wälder,
kommt aber auch in anderen
Biotopen vor

Größe
70–100 cm Körperlänge, bis
50 cm Schulterhöhe

Gewicht
11–15 kg

Ernährung
Säugetiere sowie Vögel und
Reptilien

Diese sehr anpassungsfähige große Katze kommt in unterschiedlichen Lebensräumen vor, besonders häufig findet man sie jedoch in Wäldern. Dabei kann es sich um feuchtwarme Regenwälder handeln, aber auch um trockene Bergwälder; außerdem leben die Tiere manchmal in Mangrovendickichten und Dornbuschsavannen. Das wunderschöne Fell des Ozelots hat eine gelbliche bis orangegraue Grundfärbung mit einem dunklen Rosetten- und Streifenmuster; typisch sind aber auch die beiden schwarzen Streifen auf jeder Gesichtshälfte und der dunkel geringelte Schwanz.

Ozelots leben zwar meist überwiegend am Boden, sie können aber auch ausgezeichnet klettern und schwimmen. Auf Beutefang gehen sie normalerweise erst in der Dämmerung, um vor allem Nagetiere wie Mäuse, Ratten oder Meerschweinchen zu jagen. Sie fressen aber auch Vögel und Reptilien, darunter Schildkröten und ungiftige Schlangen. Ozelots verschmähen jedoch ebenso Frösche oder Fische nicht, und sie fangen manchmal sogar Krebse oder große Insekten. Ausgewachsenen Tieren fallen gelegentlich auch schon einmal ein junger Hirsch, ein Wildschwein oder ein kleiner Affe zum Opfer, und in der Nähe menschlicher Siedlungen lebende Ozelots dringen gern in

Hühnerställe ein, um sich dort eine leichte Beute zu holen. Der Ozelot ist ein Einzelgänger, der sein Revier durch Duftmarken gegenüber Artgenossen abgrenzt, wobei die Territorien der Männchen deutlich größer sind als die der Weibchen. Wie weitläufig das Revier der einzelnen Individuen ist, hängt auch vom jeweiligen Lebensraum ab. Bei männ-

lichen Tieren hat man Territorien von etwa 30 Quadratkilometer festgestellt, in Biotopen mit einem großen Nahrungsangebot können die Reviere aber auch deutlich kleiner sein.

Im Normalfall überschneiden sich die Reviere der Männchen mit denen einzelner Weibchen, sodass man früher annahm, die Tiere würden paarweise zusammenleben. Tatsächlich führen Ozelots den weitaus größten Teil des Jahres jedoch ein Leben als Einzelgänger, um dann während der Fortpflanzungszeit kurz mit einem andersgeschlechtlichen Partner zusammenzutreffen. Kommt es dabei zur Paarung, bringt das Weibchen nach einer Tragzeit von etwa 80 Tagen ein bis zwei Jungen zur Welt, die bei der Geburt etwa 25 Zentimeter groß sind. Sie werden ungefähr drei Monate gesäugt und bleiben dann zumeist noch bis zur Geschlechtsreife im Revier der Mutter. Danach werden sie allerdings vertrieben und müssen sich ein eigenes Territorium suchen.

Wegen ihres hübschen Felles wurden die Katzen früher stark bejagt, sodass die Bestände in einigen Regionen ganz erheblich abnahmen. Das mag auch kaum verwundern, denn man schätzt, dass Pelztierjäger noch in den Sechziger- und Siebzigerjahren des letzten Jahrhunderts jährlich bis zu 200 000 Exemplare schossen. Heute ist die Art weitgehend geschützt, sodass sich viele Populationen wieder erholen konnten. Allerdings leiden die Bestände inzwischen unter den immer noch weiter zunehmenden Rodungen großer Waldgebiete in einigen Regionen Südamerikas.

Tigerkatze

BIOLOGISCHER STECKBRIEF

Wissenschaftlicher Name
Leopardus tigrinus

Unterfamilie
Kleinkatzen (Felinae)

Heimat
Mittel- und Südamerika

Lebensraum
Kommt in Regen- aber auch
Bergwäldern vor

Größe
40–55 cm Körperlänge, bis
30 cm Schulterhöhe

Gewicht
1,5–3,0 kg

Ernährung
Kleinsäuger, Vögel, Echsen und
große Insekten

Die schlanke, auch Ozelotkatze, Tigrillo oder Oncilla genannte Art hat eine graugelbe bis goldbraune Grundfärbung mit einer auffälligen Zeichnung aus unregelmäßigen, dunklen Flecken, die sich oft zu Kreisen oder Rosetten vereinigen. Typisch ist außerdem das Muster aus mehreren Ringen auf dem Schwanz. Zu finden sind die hübschen Katzen vor allem in Regenwäldern, wo sie sich überwiegend am Boden aufhalten. Dort jagen sie hauptsächlich Kleinsäuger, sie fressen aber auch Vögel, Echsen und große Insekten. Die nur ein oder zwei Jungen werden nach einer Tragzeit von 75 Tagen geboren und bleiben einige Monate bei der Mutter, bevor sie sich eigene Reviere suchen.

Eine sehr ähnliche Art ist die Kleinfleckkatze (*Leopardus geoffroyi*, siehe Abbildung rechts). Sie erreicht eine Körperlänge von 75 Zentimeter und ist mit bis zu acht Kilogramm um einiges schwerer als die Tigerkatze. Ihr Verbreitungsgebiet reicht von Bolivien bis nach Patagonien, wo man sie vor allem in halb offenem Gelände mit Felsen und Büschen findet. Sie wird – genau wie die Tigerkatze – wegen ihres hübschen Felles in vielen Regionen stark bejagt.

Langschwanzkatze

BIOLOGISCHER STECKBRIEF

Wissenschaftlicher Name
Leopardus wiedii

Unterfamilie
Kleinkatzen (Felinae)

Heimat
Mittel- und Südamerika

Lebensraum
Kommt ausschließlich in
Wäldern vor

Größe
50–80 cm Körperlänge, bis
45 cm Schulterhöhe

Gewicht
3–9 kg

Ernährung
Unterschiedliche Säugetiere,
aber auch Vögel und Amphibien

Diese schlanke Katze hat eine ockerfarbene bis gelbbraune Grundfärbung und ein hübsches Muster aus dunklen Streifen und Flecken sowie einen auffällig langen Schwanz. Ihr Verbreitungsgebiet erstreckt sich von Mexiko bis Uruguay, wo sie nur in Wäldern vorkommt, darunter auch in den Regenwäldern am Äquator.

Die auch Baumozelot oder Margay genannte Art gehört zu den Katzen, die man überwiegend auf Bäumen findet. Und an diese Lebensweise haben sich die Tiere ganz ausgezeichnet angepasst, denn sie gehören zu den besten Kletterern unter den Katzen. Erkennen lässt sich das schon daran, dass sie, anders als die meisten ihrer Verwandten, einen Baum nicht vorsichtig mit den Hinterbeinen zuerst herunterklettern, sondern sie schießen oft blitzschnell mit dem Kopf voran einen Stamm hinab. Bei der Verfolgung einer Beute sieht man sie aber auch häufig spiralförmig um einen Baum herumlaufen und sie können sich sogar an der Unterseite eines dicken Astes entlanghangeln.

Die hübsche Langschwanzkatze ist überwiegend nachtaktiv, während sie den Tag zumeist schlafend in einer Baumhöhle oder auf dicht belaubten Ästen verbringt. Zu ihrer Beute gehören hauptsächlich Säugetiere wie Eichhörnchen, Beutelratten und kleine Affen, sie frisst aber auch Vögel und Baumfrösche. Die scheuen Tiere bringen zumeist ein bis zwei Jungen zur Welt, die recht lange bei der Mutter bleiben. An-schließend suchen sie sich ihr eigenes Revier, was allerdings immer schwieriger wird, weil der Lebensraum dieser Tiere durch die starke Rodungstätigkeit in Süd-amerika immer kleiner wird.

Serval

BIOLOGISCHER STECKBRIEF

Wissenschaftlicher Name
Leptailurus serval

Unterfamilie
Kleinkatzen (Felinae)

Heimat
Afrika

Lebensraum
Kommt häufig an Gewässern mit dicht bewachsenen Uferzonen vor, aber auch in nicht zu trockenen Gras- und Buschbiotopen

Größe
60–100 cm Körperlänge, bis 65 cm Schulterhöhe

Gewicht
9–18 kg

Ernährung
Säugetiere unterschiedlicher Größe, Vögel, Reptilien, Amphibien und Insekten

Typisch für diese hübsche Art sind die sehr großen, an der Spitze abgerundeten Ohren mit einer dunklen Rückseite und einem weißen oder gelben Fleck in der Mitte. Das Fell zeigt eine gelbliche

Grundfärbung und ein schwarzes Flecken- und Streifenmuster, der Schwanz weist eine dunkle Ringzeichnung und eine schwarze Spitze auf.

Servale sind mittelgroße, sehr schlanke und hochbeinige Katzen, die sich gern in den mit Schilf bewachsenen Uferzonen von Feuchtgebieten aufhalten. Man findet sie aber auch in nicht zu trockenen Steppenbiotopen mit hohem Gras und ausreichend Buschwerk. Ihr Verbreitungsgebiet liegt südlich der Sahara und reicht bis weit in den Süden des Kontinents. In Südafrika kommt die Art allerdings nicht vor.

Auf Nahrungssuche gehen die Tiere normalerweise in den Abendstunden. Zu ihrer bevorzugten Beute gehören die unterschiedlichsten Kleinsäuger, etwa Hasen, Klippschliefer und junge Antilopen, sie fressen aber auch Vögel, Echsen und Schlangen, Frösche, Fische oder große Insekten. Die Beute wird im Sprung erlegt und nicht etwa verfolgt, was man aufgrund des schlanken Körperbaus und der langen, an Geparden erinnernden Beine glauben könnte. Haben sie ein infrage kommendes Tier entdeckt oder mit ihrem ausgezeichneten Gehör lokalisiert, machen sie bis zu vier Meter weite Sprünge, um die Beute zu erle-

gen. Manchmal stochern sie aber auch mit ihren langen Vorderbeinen in unterirdischen Nagetierbauten herum und versuchen das sich dort versteckende Tier mit den Krallen herauszuziehen. Servale können recht gut schwimmen und sie klettern manchmal auch auf Bäume, vor allem wenn sie flüchten müssen.

Servale bilden Reviere, die sie außerhalb der Paarungszeit allein durchstreifen. Häufig überlappen sich die Territorien einzelner Individuen allerdings ganz beträchtlich, aber die Tiere schaffen es dennoch, sich aus dem Weg zu gehen, wobei sie sich an den Duftmarken der Artgenossen orientieren.

Begegnen sich trotzdem zwei Exemplare, kommt es aber fast nie zu Streitigkeiten, sondern die Tiere gehen zumeist gleich wieder ihres Weges.

Die ein bis drei Jungen der Servale werden nach einer Tragzeit von etwa 75 Tagen
geboren. Sie sind anfangs sehr hilflos und bleiben zumeist die ersten fünf
Wochen in ihrem Versteck, wo sie von der Mutter versorgt werden. Erst dann
trauen sie sich nach und nach heraus und unternehmen unter der Führung des
Weibchens die ersten Streifzüge. Später werden sie dann allerdings von der
Mutter aus dem Revier vertrieben.

Kanadischer Luchs

BIOLOGISCHER STECKBRIEF

Wissenschaftlicher Name
Lynx canadensis

Unterfamilie
Kleinkatzen (Felinae)

Heimat
Kanada, Alaska und einige nördliche Bundesstaaten der USA

Lebensraum
Wälder und Tundrengebiete

Größe
65–105 cm Körperlänge, bis
70 cm Schulterhöhe

Gewicht
10–20 kg

Ernährung
Säugetiere bis mittlerer Größe
und Vögel

Kanadische Luchse haben normalerweise ein graubraunes bis gelbbraunes Fell mit weißen und bräunlichen Bereichen an Kehle und Hals. Typisch sind außerdem die dunklen Haarbüschel an der Spitze der dreieckigen Ohren, der auffällig kurze Schwanz und die unterschiedliche Länge der Beine (die Hinterbeine sind länger als die Vorderbeine). Außerdem haben diese Katzen als Anpassung an ihre oft tief verschneiten Lebensräume besonders dicke Haarpolster unter den Sohlen, die sie nicht nur vor der Kälte schützen, sondern ihnen auch das Laufen auf dem Schnee erleichtern.

Luchse sind Einzelgänger, die manchmal Reviere von über 100 Quadrat-kilometer Größe besetzen. In diesen Territorien gehen sie vor allem in der

Kanadischer Luchs

Dämmerung und Dunkelheit auf die Jagd; im Winter kann man sie aber oft auch tagsüber nach Beute suchen sehen. Ihre Hauptnahrung sind Säugetiere, etwa Hasen, Kaninchen, Grauhörnchen; sie machen aber auch Jagd auf die Kälber von Karibus oder Hirschen und sie fressen Vögel.

In den langen und harten Wintern, die in ihrem Verbreitungsgebiet herrschen, sind die Tiere stark von den Beständen der Schneeschuhhasen in ihrem Revier abhängig. Werden in einem Sommer aus irgendwelchen Gründen nur wenige Junghasen geboren, verhungern die Luchse zwar zumeist nicht gleich, da sie auf andere Beutetiere ausweichen. Allerdings sind viele Exemplare am Ende des Winters oft deutlich abgemagert und die Weibchen pflanzen sich in solchen Jahren dann häufig nicht fort oder haben weniger Nachkommen als normal.

Die Paarungszeit des Kanadischen Luchses liegt im zeitigen Frühjahr. Die Jungen werden nach einer Tragzeit von etwas mehr als zwei Monaten geboren. In der Regel sind es nur zwei Jungtiere, es können ausnahmsweise aber auch schon einmal bis zu sechs Nachkommen sein. Diese verlassen nach etwa zwei Monaten erstmals ihr Versteck und gehen dann später mit der Mutter auf die Jagd, um zu lernen, wie man für sich selbst sorgt. Mit Beginn des nächsten Winters sind sie dann zumeist so selbstständig, dass sie das Revier des Weibchens verlassen können.

Eurasischer Luchs

BIOLOGISCHER STECKBRIEF

Wissenschaftlicher Name
Lynx lynx

Unterfamilie
Kleinkatzen (Felinae)

Heimat
Europa und Asien

Lebensraum
Wälder

Größe
80–120 cm Körperlänge, bis
75 cm Schulterhöhe

Gewicht
15–35 kg

Ernährung
Säugetiere bis zur Größe eines
Rehes und Vögel

Die auch Nordluchs genannte Art ist die größte Raubkatze Europas. Sie kam einst von den Pyrenäen bis zur Pazifikküste und vom Polarkreis bis nach Nordindien und Tibet vor, wurde aber in vielen Gebieten, darunter auch in Mitteleuropa, schon vor langer Zeit ausgerottet. So tötete man den letzten Luchs in Deutschland etwa um die Mitte des 19. Jahrhunderts, in unwegsamen Regionen der Schweiz und Österreichs hielten sich die Tiere noch etwa 50 Jahre länger.

Der Eurasische Luchs hat ein rötlich bis braunes Sommer- und eine helleres, zumeist gelbgraues Winterfell mit einem normalerweise dunklen Fleckenmuster. Typisch sind aber auch die schwarzen Haarbüschel an den dreieckigen Ohren, die sogenannten Pinsel, der ausgeprägte Backenbart, den die Tiere abspreizen können, und der kurze, in der Regel höchstens 25 Zentimeter lange Schwanz. Das Fell ist außerordentlich dicht, sodass den Katzen auch die oft langen und harten Winter in nördlicheren Breiten nichts anhaben können. Außerdem sorgen die großen, mit dichten Haarpostern besetzten Pfoten dafür, dass sie nicht im Schnee einsinken. Der angestammte Lebensraum des Eurasischen Luchses sind Laub- und Mischwälder mit dichtem Unterholz, außerdem kommt er manchmal in Heide- und Moorgebieten vor. Dort jagt er vor allem Rehwild und junge Hirsche, er

frisst aber auch Hasen und sich überwiegend am Boden aufhaltende Vögel, etwa Rebhühner oder Fasane. Und da es sich bei diesen Beutetieren um Jagdwild handelt, kamen die schönen Katzen stets Jägern in die Quere, sodass sie in der Vergangenheit gnadenlos abgeschossen wurden. Aber auch die Tatsache, dass Luchse sich von Zeit zu Zeit ein Schaf aus einer Herde rissen, trug zu ihrer Verfolgung bei, ebenso wie der Umstand, dass sich viele Menschen vor den großen Raubkatzen fürchteten.

In Skandinavien reißen die Tiere auch heute noch häufig Rentiere aus den dort zumeist halbwild lebenden Herden. In Schweden, wo schätzungsweise 1000 Luchse leben, sind es nach Schätzungen alljährlich immerhin 20 000 bis 40 000 dieser Nutztiere. Damit die Raubkatzen dennoch nicht abgeschossen werden, zahlen die Regierungen der skandina-

vischen Länder den Besitzern heute eine Entschädigung für jedes von Luchsen gerissene Rentier oder eine generelle Pauschale für die auf ihrem Weideland lebenden Luchse.

In Mitteleuropa hat es in der Vergangenheit ebenfalls Versuche gegeben, den Eurasischen Luchs wieder anzusiedeln. So wurden die Tiere vor allem in den Alpen, aber auch in den Vogesen und im Böhmerwald ausgewildert, wo es an vielen Stellen noch ausreichend Platz für die großen Katzen gibt. Daher findet man in diesen Regionen inzwischen auch wieder mehrere gesunde Populationen. Und auch in Deutschland ist es in den letzten Jahren gelungen, den Luchs wieder anzusiedeln, etwa im Bayerischen Wald oder im Naturpark Harz.

Allerdings waren all diese Aktivitäten stets umstritten. Zwar ist der Luchs nicht so gefürchtet wie Wolf und Bär, aber bei vie-

len Menschen gibt es dennoch große Ängste, der Luchs könne zu einer ernsthaften Gefahr für ihr Leben oder das ihrer Kinder werden. Außerdem hagelte es Proteste von Jägern und Landwirten, die um ihr jagdbares Wild beziehungsweise um ihre Tierbestände fürchteten. Daher hat es auch überall in Mitteleuropa immer wieder Fälle gegeben, bei denen die streng geschützten Luchse durch das Auslegen von Giftködern getötet oder heimlich abgeschossen wurden.

Die Reviere des Eurasischen Luchses, der ein Einzelgänger ist, können ganz unterschiedliche Größen haben, die stark vom Vorhandensein geeigneter Beutetiere abhängt, aber auch von der Beschaffenheit der jeweiligen Lebensräume und von den topografischen Verhältnissen. So wurden in den Schweizer Alpen Reviergrößen von bis zu 450 Quadratkilometer ermittelt, während es in waldreichen Biotopen oft nur zehn bis 40 Quadratkilometer sind. Die Reviere werden normalerweise durch Duftmarken und manchmal auch durch Kratzspuren an Bäumen markiert. Weibchen haben in der Regel deutlich kleinere Reviere als die Männchen.

Die Paarung findet oft schon im Februar statt. In dieser Zeit kommt es häufiger zu Kämpfen zwischen gleich großen Männchen um ein Weibchen, die oft sehr heftig ausgetragen werden. Die bis zu vier Jungen werden nach einer Tragzeit von etwa 70 Tagen geboren. Wie alle Katzen sind sie anfangs völlig hilflos und daher vollkommen auf die Mutter angewiesen. Erst nach einigen Monaten begleiten sie das Weibchen auf ihren Beutestreifzügen und lernen so, wie man sich mit Futter versorgt. Nach etwa zehn Monaten verlassen sie dann das Revier der Mutter, um sich ein eigenes Territorium zu suchen.

Der Pardelluchs (*Lynx pardinus*, siehe Abbildung rechts), der oft auch Iberischer Luchs genannt wird, ist eine ähnliche Art, die allerdings nur in Spanien und Portugal vorkommt. Die Tiere sind kleiner und deutlich leichter als der Eurasische Luchs, das Fell ist graugelb bis bräunlich und die Fleckenzeichnung dunkelbraun bis schwarz. Besonders auffällig ist der lange Backenbart, der zumeist deutlich länger wird, als bei ihren nördlichen Verwandten. Pardelluchse sind nicht so sehr an Wälder gebunden wie die anderen Arten der Gattung, sondern kommen auch in offeneren Landschaften vor. Sie ernähren sich überwie-

gend von Wildkaninchen, fressen aber auch Mäuse, Vögel und die Jungtiere von Rehen oder Wildschweinen. Der Bestand ist in den letzten 50 Jahren dramatisch zurückgegangen, sodass es heute vermutlich nur noch wenige Hundert Individuen gibt.

Rotluchs

BIOLOGISCHER STECKBRIEF

Wissenschaftlicher Name
Lynx rufus

Unterfamilie
Kleinkatzen (Felinae)

Heimat
Mexiko, USA und südliches
Kanada

Lebensraum
Von Wüstenbiotopen bis zu
Buschland und Wäldern

Größe
65–110 cm Körperlänge, bis
60 cm Schulterhöhe

Gewicht
5–15 kg

Ernährung
Hauptsächlich Säugetiere unterschiedlicher Größe und Vögel

Das Fell dieses Luchses hat eine blassgelbe bis bräunliche Grundfärbung und eine dunkelbraune bis schwarze Punkt- und Strichzeichnung. Die Tiere besitzen außerdem den für Luchse typischen Backenbart und zumeist auch die dunklen Haarbüschel an der Spitze der Ohren. Allerdings sind diese oft vergleichsweise unauffällig oder können auch ganz fehlen. Von anderen Luchsen lässt sich die Art leicht anhand der dunklen Schwanzspitze unterscheiden.

Die überwiegend dämmerungs- und nachtaktiven Rotluchse bewohnen die unterschiedlichsten Lebensräume. So sind sie sowohl in den Halbwüsten im Südwesten der USA und Mexikos zu finden wie auch im Süden Kanadas, wo die Winter ausgesprochen streng sind, oder an mit Sträuchern bewachsenen Felshängen der Rocky Mountains, in Misch- und Nadelwäldern sowie in den feuchtwarmen Sumpfgebieten Floridas.

Die Jagd findet überwiegend am Boden statt, auch wenn die Tiere ausgezeichnet klettern können. Zu ihrer Hauptbeute gehören Hasen und Kaninchen, sie fressen aber auch andere Säugetiere bis zur Größe eines Hirschkalbs und Vögel sowie manchmal große Insekten. Außerdem mögen Rotluchse, die gut schwimmen können und keineswegs wasserscheu sind, sehr gern Fische, sodass man sie in einigen Regionen häufig im Wasser auf der Suche nach ihrer schuppigen Lieblings-

nahrung sehen kann. Dort wo die Tiere in der Nähe menschlicher Siedlungen leben, fallen ihnen manchmal Hunde und Katzen zum Opfer oder sie schlagen gelegentlich auch einmal Jungschafe, Ziegen oder Hühner.

Der Rotluchs bildet ein Revier, dessen Größe stark vom Vorhandensein geeigneter Beutetiere abhängt. Im Norden der Vereinigten Staaten und im Süden Kanadas überschneidet sich sein Verbreitungsgebiet mit dem des Kanadischen Luchses *(Lynx canadensis)*. Und obwohl dieser größer und kräftiger ist, vertreiben Rotluchse nicht selten ihren körperlich überlegenen Verwandten, weil sie in der Regel ein deutlich aggressiveres Verhalten zeigen.

Die Paarung des Rotluchses findet in den Wintermonaten oder im zeitigen Frühjahr statt; die ein bis vier, in Ausnahmenfällen auch sechs Jungen werden nach einer Tragzeit von 60 bis 70 Tagen geboren. Dazu sucht sich das Weibchen einen geschützten Platz, etwa eine Höhle, einen hohlen Baum oder notfalls auch nur eine Stelle in dichtem Gestrüpp. Anfangs sind die Jungtiere völlig hilflos und daher ganz auf ihre Mutter angewiesen.

Rotluchs

Nach etwa einem Monat verlassen sie immer häufiger ihr Versteck und mit drei bis vier Monaten begleiten sie ihre Mutter dann auch auf ihren Streifzügen und lernen dabei, welche Tiere als Beute geeignet sind und wie man sie am besten erlegt. Im Normalfall werden die Jungen noch vor dem Winter aus dem Revier des Weibchens vertrieben, damit sie sich ein eigenes Territorium suchen. In Ausnahmefällen duldet die Mutter ihre Jungen aber auch, bis im nächsten Frühjahr die neuen Jungtiere geboren werden. Rotluchse gehören zu den Raubkatzen, die nicht von der Ausrottung bedroht sind. Daher werden sie in Nordamerika auch nach wie vor bejagt und in Fallen gefangen.

Marmorkatze

Diese hübsche Katze wird in China „Kleiner Nebelparder" genannt, und sie erinnert – vor allem in der Zeichnung – tatsächlich ein wenig an den „echten" Nebelparder *(Neofelis nebulosa)*, der im selben Verbreitungsgebiet vorkommt. Allerdings ist dieser deutlich größer und schwerer als die Marmorkatze, die zudem auch nicht näher mit ihm verwandt ist, sondern vielmehr mit der Asiatischen Goldkatze *(Catopuma temminckii)* und der Borneo-Goldkatze *(Catopuma badia)*.

Das Fell der Marmorkatze hat eine graubraune bis gelbliche oder rötlich braune Grundfärbung mit großen, schwarz umrandeten Flecken, sodass es ein wenig an stark gemaserten Marmor erinnert. Über die Lebensweise der sehr seltenen und scheuen Katze ist nur wenig bekannt. Vermutlich sind die Tiere nachtaktiv und man nimmt an, dass sie überwiegend Kleinsäuger auf Bäumen jagen, etwa Eichhörnchen. Wahrscheinlich fressen sie aber auch Vögel, Echsen und Frösche.

BIOLOGISCHER STECKBRIEF

Wissenschaftlicher Name
Pardofelis marmorata

Unterfamilie
Kleinkatzen (Felinae)

Heimat
Nordöstliches Indien bis Südostasien

Lebensraum
Kommt vor allem in tropischen Wäldern vor

Größe
45–60 cm Körperlänge, bis 35 cm Schulterhöhe

Gewicht
2–6 kg

Ernährung
Vermutlich Kleinsäuger, Vögel und Reptilien

Bengalkatze

Diese Katze hat ein riesiges Verbreitungsgebiet, das vom Südosten Sibiriens, über Korea, China, Indien und Pakistan bis Indonesien und Java reicht. Wie bei vielen Arten mit einer derart großen Verbreitung können die Tiere etwas unterschiedlich aussehen und auch eine verschiedenartige Größe haben, sodass mehrere Unterarten beschrieben wurden. Häufig sind die Tiere aber gelbgrau oder gelbrot bis bräunlich gefärbt, mit hellen Bereichen im Gesicht und an der Brust sowie einem dunklen Fleckenmuster.

Ein typischer Lebensraum für die dämmerungsaktiven Bengalkatzen sind Waldbiotope aller Art, darunter auch tropische Regenwälder; außerdem findet man die Tiere in Gras- und Buschland oder in Gebirgsbiotopen. Zu ihren Beutetieren gehören vor allem kleinere Säuger wie Mäuse und Hasen, sie jagen aber auch am Boden lebende Vögel, darunter sogar Pfauen, die sich gegen Angreifer durchaus zu wehren wissen. Außerdem dringen sie dort, wo sie sich in Menschennähe angesiedelt haben, immer wieder in Hühnerställe ein, sodass sie in einigen Regionen stark verfolgt werden.

Besonders in China jagt man die hübschen Katzen aber auch wegen ihres Felles, das dann zumeist unter dem Namen „Leopardkatze" verkauft wird. In der Vergangenheit sollen in manchen Jahren bis zu 400 000 Katzen getötet worden

BIOLOGISCHER STECKBRIEF

Wissenschaftlicher Name
Prionailurus bengalensis

Unterfamilie
Kleinkatzen (Felinae)

Heimat
Asien

Lebensraum
Kommt hauptsächlich in Wald- und Buschland vor

Größe
40–90 cm Körperlänge, bis 45 cm Schulterhöhe

Gewicht
4–14 kg

Ernährung
Kleinsäuger, Vögel und Echsen

sein, um ihre Felle zu Pelzjacken und -mänteln zu verarbeiten. Daher ist die Art in vielen Gebieten inzwischen auch eher selten geworden.

Eine nah verwandte Art ist die Iriomote-Katze *(Prionailurus iriomotensis)*, die nur auf der japanischen Insel Iriomote vorkommt. Sie wurde erst 1967 entdeckt und gilt als eine der seltensten Katzenarten, denn es gibt in ihrem kleinen Verbreitungsgebiet – die Insel ist nicht einmal 300 Quadratkilometer groß – vermutlich nicht mehr als 100 Exemplare. Die scheuen Katzen, die ein graubraunes Fell mit dunkeln Flecken und Rosetten besitzen und ungefähr 60 Zentimeter groß werden, leben hauptsächlich in Wäldern, wo sie sich überwiegend von Kleinsäugern, Vögeln, Echsen sowie Fröschen und Fischen ernähren.

Flachkopfkatze

BIOLOGISCHER STECKBRIEF

Wissenschaftlicher Name
Prionailurus planiceps

Unterfamilie
Kleinkatzen (Felinae)

Heimat
Südostasien

Lebensraum
Überwiegend in Wäldern und
dort stets in Wassernähe

Größe
45–60 cm Körperlänge, bis
30 cm Schulterhöhe

Gewicht
2–4 kg

Ernährung
Fische und Frösche, vermutlich
auch Kleinsäuger und Vögel

Diese Katze ähnelt auf den ersten Blick eher einem Otter oder Nerz, was vor allem am walzenförmigen Körper und den kurzen Beinen liegt. Das Fell der Tiere ist unscheinbar dunkelbraun, wirkt aber bei bestimmten Lichtverhältnissen silbrig überlaufen, weil die Haare eine weiße Spitze besitzen. Typisch sind außerdem die hellen Bereiche im Gesicht und auf der Unterseite sowie der auffallend flache Kopf mit den tief angesetzten Ohren und den großen, dicht zusammenstehenden Augen, dem die Tiere auch ihren Namen verdanken.

Früher kamen die Tiere in Thailand und Malaysia sowie auf Sumatra und Borneo vor, wo sie allerdings wohl nirgendwo besonders häufig waren. Im Verlauf des

20. Jahrhunderts gingen die Bestände dann ständig weiter zurück, bis die Art Mitte der Achtzigerjahre schon als ausgestorben galt. Doch dann entdeckte man Anfang der Neunzigerjahre doch noch einige Exemplare und heute weiß man, dass es zumindest auf Sumatra und an wenigen Stellen auf dem malaysischen Festland noch kleinere Populationen gibt.

Über die Lebensweise der scheuen Katzen ist zwar nicht allzu viel bekannt, man glaubt aber, dass sie vor allem in der Nähe von Gewässern leben, etwa in Uferwäldern, aber auch in bewaldeten Sumpfgebieten oder in Überschwemmungsgebieten. Dort ernähren sie sich vermutlich überwiegend von Fischen und Fröschen. Diese Annahme beruht allerdings weniger auf Beobachtungen, sondern man schließt dies vor allem aus den auffällig spitzen Zähnen der Flachkopfkatze, die sich besonders gut eignen müssten, die glitschigen Beutetiere festzuhalten. Wahrscheinlich jagen die Raubkatzen aber ebenso Kleinsäuger und Vögel sowie Krebstiere.

Rostkatze

BIOLOGISCHER STECKBRIEF

Wissenschaftlicher Name
Prionailurus rubiginosus

Unterfamilie
Kleinkatzen (Felinae)

Heimat
Indien und Sri Lanka

Lebensraum
Bevorzugt trockene Biotope;
vereinzelt auch in feuchten
Regenwäldern

Größe
35–40 cm Körperlänge, bis
25 cm Schulterhöhe

Gewicht
2,0–2,5 kg

Ernährung
Vor allem Kleinsäuger, Vögel,
Echsen und Insekten

Diese Art gehört mit einer Körperlänge von oft nicht mehr als gerade einmal 35 Zentimeter zu den kleinsten Katzen der Erde. Sie hat eine graubraune Grundfärbung mit einem rostfarbenen Fleckenmuster, dem sie auch ihren Namen verdankt. In Indien heimische Tiere findet man zumeist in nicht zu feuchten Biotopen wie Grassteppen, Buschland und Trockenwälder, während auf Sri Lanka lebende Rostkatzen eher feuchte Bergregenwälder bewohnen.

Zur Hauptbeute der Raubkatze gehören Kleinsäuger, denen sie zumeist in der Dämmerung am Boden nachstellt, sie frisst aber auch Vögel, Echsen und große Insekten. Auf Nahrungssuche gehen die Tiere fast ausschließlich in einem eigenen Revier, das sie durch Duftmarken und Kratzspuren an Bäumen gegenüber Artgenossen abgrenzen. Nach Berichten der einheimischen Bevölkerung bekommt man die seltenen, scheuen Tiere am häufigsten einmal zu sehen, wenn sie nach längeren Regenfällen auch tagsüber einmal aus ihrem Versteck kommen, um auf die Jagd zu gehen.

Fischkatze

BIOLOGISCHER STECKBRIEF

Wissenschaftlicher Name
Prionailurus viverrinus

Unterfamilie
Kleinkatzen (Felinae)

Heimat
Indien bis Südostasien

Lebensraum
Bewohnt unterschiedliche Biotope,
aber stets in Wassernähe

Größe
75–85 cm Körperlänge, bis
33 cm Schulterhöhe

Gewicht
8–14 kg

Ernährung
Fische, Amphibien, Reptilien,
Vögel und Wirbellose

Diese Art hat einen besonders stämmigen Körper mit kurzen Beinen und ein auffallend langes Gesicht mit eng zusammenstehenden Augen. Das Fell ist grau bis graubraun und zeigt ein dunkles Fleckenmuster; charakteristisch sind außerdem die durchgängigen dunklen Streifen am Kopf, die von der Stirn bis in den Nacken reichen. Die bevorzugten Lebensräume der Fischkatze sind wasserrei-

che Landschaften. So findet man sie vor allem in der Nähe von Seen, Flüssen und Bächen, sie kommt jedoch ebenso in Mangrovensümpfen und Marschland-schaften vor. Dort ernährt sie sich haupt-sächlich von Fischen und Fröschen, sie frisst aber auch Wasservögel, Schlangen, Krebse und große Insekten. Bei der Jagd kommt den Katzen zugute, dass sie aus-gezeichnet schwimmen können, nicht zuletzt wegen der kleinen Schwimmhäute zwischen den Zehen. Manchmal taucht die Fischkatze aber auch ein Stück hinter einer Beute her und es heißt, sie würde sogar auf dem Wasser schwimmende Enten und andere Wasservögel von unten her angreifen. Noch häufiger sitzen die Katzen aber auf einem Stein im flachen Wasser und schlagen die Beute mit den Vorderpfoten aus dem Wasser.

Fischkatze

Neben Fischen und anderen Wassertieren jagen Fischkatzen aber auch nicht zu große Säugetiere und es wird sogar von einem Fall berichtet, bei dem eine Fischkatze gerade noch daran gehindert werden konnte, einen vier Monate alten Säugling aus einem Garten zu verschleppen. Außerdem sind die gedrungenen Tiere, die für ihre Größe ein beachtliches Körpergewicht erreichen können, sehr wehrhaft. So soll in einem Tierpark ein Fischkatzenmännchen sogar einmal einen jungen Leopard getötet haben, der aus seinem Käfig geflohen und anschließend in das Gehege der furchtlosen Katze geraten war.

Bisher ist die Fischkatze in ihrem Verbreitungsgebiet zwar noch vergleichsweise häufig, aber besonders in den letzten Jahren sind die Bestände kontinuierlich zurückgegangen. Ein Hauptgrund dafür ist, dass den Tieren immer weniger Platz zum Leben bleibt, weil in ihren Heimatländern mehr und mehr Feuchtgebiete zur landwirtschaftlichen Nutzung trockengelegt werden. Und da Fischkatzen von solchen Biotopen abhängig sind, nimmt die Zahl stetig ab.

Afrikanische Goldkatze

Diese scheue, noch weitgehend unerforschte, mittelgroße Art aus den tropischen Regenwäldern Afrikas variiert in ihrer Fellfarbe von grau bis rötlich braun oder fast schwarz; die Wangen, das Kinn und die Körperunterseite sind weiß. Bei vielen Tieren kann außerdem eine Zeichnung aus unterschiedlich großen Flecken vorhanden sein. Weitere charakteristische Kennzeichen sind der vergleichsweise kleine Kopf und die langen Beine mit den auffällig dicken Pfoten; die Männchen sind normalerweise größer als die Weibchen.

BIOLOGISCHER STECKBRIEF

Wissenschaftlicher Name
Profelis aurata

Unterfamilie
Kleinkatzen (Felinae)

Heimat
West- und Zentralafrika

Lebensraum
Regenwälder

Größe
65–100 cm Körperlänge, bis 55 cm Schulterhöhe

Gewicht
10–17 kg

Ernährung
Säugetiere und Vögel

Die Tiere bewohnen die Regenwälder West- und Zentralafrikas, wo sie sich tagsüber häufig im dichten Geäst der Bäume aufhalten, um sich dann in der Dämmerung am Boden auf die Jagd nach Nagern, Duckern, kleinen Antilopen und Vögeln zu machen. Wie fast alle Pflanzen und Tiere des Regenwalds, ist auch diese Art durch die immer noch weiter zunehmende Vernichtung ihres Lebensraums ernsthaft in ihrem Bestand bedroht.

Puma

BIOLOGISCHER STECKBRIEF

Wissenschaftlicher Name
Puma concolor

Unterfamilie
Kleinkatzen (Felinae)

Heimat
Nord-, Mittel- und Südamerika

Lebensraum
Von Wäldern über Graslandschaften, trockene Busch-
biotope, Sümpfe und Halb-
wüsten bis zum Hochgebirge

Größe
1,1–2,0 m Körperlänge, bis
80 cm Schulterhöhe

Gewicht
50–100 kg

Ernährung
Säugetiere aller Größen, Vögel

Diese große Raubkatze hat einen langen Körper mit sehr kräftigen Beinen, von denen die hinteren deutlich länger als die vorderen sind sowie einen relativ kleinen, breiten Kopf mit einem kurzen Gesicht und rundlichen Ohren. Das Fell kann sandfarben, silbergrau oder auch rötlich bis bräunlich sein, außerdem besitzen die Tiere eine weiße Brust und ein helles Kinn mit schwarzen Flecken über den Mundwinkeln.

Der Puma erreicht zwar durchaus die Größe eines Leoparden (*Panthera pardus*), er wird aber aufgrund anatomischer Gemeinsamkeiten dennoch zur

Gruppe der Kleinkatzen gerechnet. So kann er beispielsweise im Gegensatz zu den meisten Großkatzen nicht brüllen, aber er verfügt stattdessen über eine Reihe anderer Laute wie Knurren und Fauchen. Manchmal ähneln seine Rufe Vogelstimmen und zur Paarungszeit geben die Weibchen außerdem Laute von sich, die an menschliche Todesschreie erinnern. Und nicht zuletzt wegen dieser unheimlich klingenden Schreie galten und gelten Pumas immer noch als gefährliche Ungeheuer, obwohl es kaum Berichte darüber gibt, dass die vorsichtigen Raubkatzen jemals Menschen angegriffen hätten.

Das riesige Verbreitungsgebiet der auch Berg- oder Silberlöwe genannten Art umfasst Nord-, Mittel- und Südamerika, wo man die Tiere in den unterschiedlichsten Lebensräumen findet. Dazu gehören sowohl trockene als auch feuchte Wälder, darunter Regenwälder, aber auch die Halbwüsten des Kontinents oder Prärien und andere Graslandschaften sowie Sümpfe und trockenen Buschbiotope; außerdem findet man sie im Gebirge bis zu einer Höhe von 4000 Meter.

Und auch bei der Nahrung sind Pumas wenig wählerisch, denn sie fressen fast alles, was sie in ihrer Umgebung an Beutetieren finden können, angefangen bei Hirschen, Rentieren und Elchen, über Waschbären, Biber, Opossums, Stinktiere und Hasen, bis hin zu Mäusen, Ratten und Erdhörnchen oder auch Vögel, Frösche und Fische. Aber selbst Kojoten fallen den kraftvollen Tieren manchmal zum Opfer und in Küstennähe lebende Individuen fressen auch Seelöwen.

Bei der Jagd pirschen sich die hauptsächlich bei Dunkelheit aktiven Pumas normalerweise an ein Beutetier an und versuchen dieses dann mit einem Sprung auf den Rücken zu Boden zu reißen. Dank ihrer muskulösen Hinterbeine können die großen Katzen aus dem Stand fünf bis zehn Meter weit springen, wobei der kräftige Schwanz zur Steuerung dient. Und kommt dann noch das Überraschungsmoment hinzu, bleibt für viele Opfer keine Möglichkeit mehr zur Flucht.

Scheint die Entfernung für einen Sprung zu weit, setzen die Pumas oft auch zu einem kurzen Sprint an und versuchen das Opfer einzuholen. Allerdings sind sie dabei mit etwa 60 Kilometer pro Stunde nur etwa halb so schnell wie ein Gepard (*Acinonyx jubatus*) und daher bei dieser Form der Jagd auch weniger häufig erfolgreich als die eleganten afrikanischen Raubkatzen.

Handelt es sich um eine größere Beute, wird sie mit einem kräftigen Genickbiss getötet und an einen geschützten Platz geschleppt, um dort in aller Ruhe zu fressen. Sind noch Reste übrig, nachdem der Puma seinen Hunger gestillt hat, vergräbt er diese oder deckt sie mit Blättern, Zweigen oder Steinen ab, um später wiederzukommen. Hat ein Weibchen Jungen, führt sie diese im Alter von etwa zwei Monaten, ebenfalls zu der erlegten Beute, damit sie sich dort satt fressen können. Außerdem lernen sie bei dieser Gelegenheit, welche Tiere als Nahrung geeignet sind. Ein großes Beutetier, etwa ein Elch, reicht den Katzen normalerweise für mindestens eine Woche, aber wenn sich zwischenzeitlich eine gute Gelegenheit ergibt, frische Beute zu schlagen, lassen die Tiere die Reste zumeist liegen.

Puma

Auf die Jagd gehen die Pumas ausschließlich in ihrem Revier, das eine ganz unterschiedliche Größe haben kann. Durchschnittlich sind es rund 50 Quadratkilometer, aber man hat auch schon Territorien von 1300 Quadratkilometer ermittelt. In einem Lebensraum mit sehr gutem Nahrungsangebot können es aber auch nur fünf Quadratkilometer sein. Die Reviere werden durch Duftmarken und Kratzspuren an Bäumen abgegrenzt, die Artgenossen normalerweise aus dem Gebiet fernhalten. Begegnen sich dennoch einmal zwei Tiere, kommt es aber trotzdem nur sehr selten zu Streitigkeiten, da die Tiere sich ohne größere Drohgebärden aus dem Weg gehen.

Zur Paarungszeit halten sich die Weibchen und die deutlich größeren Männchen dann allerdings zusammen in einem Revier auf, aber die männlichen Tiere gehen bereits vor der Geburt der Jungen wieder eigene Wege. Die zwei bis vier (in Ausnahmefällen auch einmal sechs) Jungtiere kommen nach einer Tragzeit von etwa drei Monaten auf die Welt. Sie sind etwa 20 bis 30 Zentimeter lang, haben ein Geburtsgewicht von etwa 300 bis 500 Gramm und werden vom Weibchen normalerweise in einem gut geschützten Unterschlupf aufgezogen, etwa einer mit Moos und Gras ausgepolsterten Höhle oder Felsspalte. Stehen solche Schlupfwinkel nicht zur Verfügung, begnügt sich das Weibchen aber auch schon einmal mit dichtem Buschwerk. Allerdings schleppt sie die Jungen dann besonders häufig in ein neues Versteck, um sie der Aufmerksamkeit von Raubtieren zu entziehen.

Anfangs haben die Pumajungen noch zahlreiche Punkte auf dem Körper, die der Tarnung dienen und später nach und nach verschwinden. Spätestens im

Alter von etwa sechs Monaten sehen die Jungtiere dann aber aus wie ihre Eltern. Im Frühjahr geborene Tiere gehen zu Beginn des Herbstes schon gemeinsam mit der Mutter auf die Jagd, um sich von ihr die notwendigen Kenntnisse für ein Überleben in der Wildnis abzuschauen. Im Winter unternehmen sie dann bereits eigene Beutezüge, bleiben aber trotzdem oft noch ein weiteres Jahr im Revier ihrer Mutter. Die Geschlechtsreife erreichen die Jungtiere im Alter von ungefähr eineinhalb bis zwei Jahren, die Lebenserwartung beträgt in der Natur maximal 15 Jahre, während Pumas in Zoos durchaus ein Alter von etwa 20 Jahren oder mehr erreichen können.

Ursprünglich besaßen die sehr anpassungsfähigen Pumas ein größeres Verbreitungsgebiet als alle anderen Säugetiere der westlichen Hemisphäre, aber diese Zeiten gehören längst der Vergangenheit an. Der Grund dafür ist, dass die großen Raubkatzen früher als Viehräuber unerbittlich verfolgt und abgeschossen wurden, aber auch die zunehmende Zerstörung ihres Lebensraums hat viel dazu beigetragen, dass die Tiere heute in weiten Teilen ihres ursprünglichen Verbreitungsgebiets ausgerottet wurden, etwa im gesamten Osten der USA, wo sie früher vergleichsweise häufig waren. Inzwischen stehen Pumas in den Vereinigten Staaten und Kanada überall unter Schutz, sodass sich die Bestände etwas erholt haben. Aber besonders in Südamerika werden die großen Katzen auch weiterhin stark verfolgt, weil sie als Gefahr für die Viehherden gelten.

Puma

Wie bei vielen Arten mit einem sehr großen Verbreitungsgebiet gibt es auch beim Puma zahlreiche Unterarten, über deren genaue Zahl sich die Experten immer noch streiten. Eine davon ist der Florida-Panther (*Puma concolor coryi*, siehe Abbildung rechts), der heute nur noch in sehr geringer Zahl in den Everglades im Bundesstaat Florida sowie wenigen Orten in Arkansas und Louisiana zu finden ist. Zwar bekommt man die sehr scheuen Tiere dort kaum einmal zu Gesicht, aber die zahlreichen Warnschilder („Panther Crossing") an den Straßen in der Umgebung der Everglades lassen es zumindest nicht ganz unmöglich erscheinen, dass nachts vielleicht doch einmal eine der gewaltigen Raubkatzen über die Fahrbahn huschen könnte wie in unseren Breiten ein Reh oder Wildschwein. Und tatsächlich kommt es gerade in Florida immer wieder zu Verkehrsunfällen, bei denen die großen Raubkatzen getötet werden. Daher hat man an einigen Stellen auch schon „Puma-Tunnel" unter stark befahrenen Straßen angelegt, wenn diese das Revier eines Florida-Panthers kreuzen, um die seltenen Tiere auf diese Weise weiter zu schützen.

Wieselkatze

BIOLOGISCHER STECKBRIEF

Wissenschaftlicher Name
Puma yaguarondi

Unterfamilie
Kleinkatzen (Felinae)

Heimat
Nord-, Mittel- und Südamerika

Lebensraum
Wälder und Buschland

Größe
55–75 cm Körperlänge, bis
35 cm Schulterhöhe

Gewicht
4,5–9,0 kg

Ernährung
Kleinsäuger, Vögel und Frösche

Das Verbreitungsgebiet der auch Jaguarundi genannten Art reicht vom Süden der USA bis nach Feuerland in Südamerika, wo die Tiere vor allem Wälder und Buschland bewohnen. Es handelt sich um Katzen mit einem lang gestreckten Körper, kurzen Vorder- und etwas längeren Hinterbeinen, einer spitzen Schnauze, einem langen, dicken Schwanz, einem einfarbigen Fell und runden Ohren, sodass sie auf den ersten Blick ein wenig an einen Marder oder ein Wiesel erinnern, was auch zu ihrem Namen geführt hat. Die Färbung reicht von rötlichem oder kastanienbraunem bis graubraunem oder fast völlig schwarzem Fell, wobei in einem Wurf oft vollkommen unterschiedlich gefärbte Jungtiere vorkommen.

Die bevorzugten Lebensräume der Wieselkatze sind Galerie- oder Regenwälder, man findet sie aber auch in Buschbiotopen oder an Waldrändern, wenn dort ausreichend Wasser vorhanden ist. In einigen Regionen bekommt man die eigentlich sehr scheue Art manchmal sogar in bewohnten Gebieten zu sehen, etwa in Reisfeldern, wo die einzelgängerischen Tiere sich recht nützlich machen können, weil sie die Zahl der dort reichlich vorhandenen Mäuse gering halten. Allerdings dringen sie auch immer wieder einmal in einen Hühnerstall

ein, um sich dort eine leichte Beute zu beschaffen, sodass die meisten Farmer ein eher zwiespältiges Verhältnis zu diesen Katzen haben.

Wieselkatzen gehen von allem in der Abenddämmerung oder im Morgengrauen auf Nahrungssuche, während sie den Tag ruhend in einem Versteck zubringen. Ihre bevorzugte Beute sind Nagetiere, Kaninchen und Opossums, sie fressen aber auch Vögel, Reptilien, Frösche und manchmal sogar Fische oder Krebse. Die bis zu vier Jungtiere werden nach einer Tragzeit von etwa 75 Tagen geboren. Auch sie haben, wie nahezu alle Jungtiere von Katzen, zunächst ein geflecktes Fell, dessen Zeichnung sich aber später verliert.

Großkatzen

Zu den Großkatzen (Unterfamilie Pantherinae) gehören die bekanntesten und beeindruckendsten Raubkatzen dieser Erde, etwa der Tiger und der Löwe. Insgesamt gibt es nur sieben Arten, wobei eine von ihnen, der Borneo-Nebelparder *(Neofelis diardi)*, erst 2006 als eigene Spezies beschrieben wurde. Zuvor hielt man diese seltene Raubkatze, die schon seit 1821 bekannt ist, für eine Unterart des Nebelparders *(Neofelis nebulosa)*, eine Annahme, die Untersuchungen mit modernen Methoden aber widerlegten.

Großkatzen unterscheiden sich von den Kleinkatzen vor allem dadurch, dass ihr Zungenbein unvollständig verknöchert ist. Daher schnurren Großkatzen auch nur beim Ausatmen und nicht beim Einatmen; außerdem ist die Mehrzahl in der Lage, laut zu brüllen, was Kleinkatzen nicht können.

Alle Großkatzen sind inzwischen sehr selten geworden, sodass man die meisten von ihnen mittlerweile nur noch in Gebieten findet, wo sie ganzjährig unter strengem Schutz stehen. Einer der Hauptgründe für den starken Rückgang ist der immer knapper werdende Lebensraum. Das ist vor allem deswegen problematisch, weil gerade diese stattlichen Raubkatzen normalerweise sehr große Reviere benötigen, um ausreichend Nahrung zu finden. Aber auch die starke Verfolgung wegen ihres oft hübschen Felles sowie die Trophäenjagd haben in der Vergangenheit sehr viel zur teilweise dramatischen Abnahme der Bestände beigetragen.

Nebelparder

BIOLOGISCHER STECKBRIEF

Wissenschaftlicher Name
Neofelis nebulosa

Unterfamilie
Großkatzen (Pantherinae)

Heimat
Süd-, Südost- und Ostasien

Lebensraum
Hauptsächlich in tropischen
Regenwäldern

Größe
60–110 cm Körperlänge, bis
60 cm Schulterhöhe

Gewicht
12–23 kg

Ernährung
Säugetiere unterschiedlicher
Größe sowie Vögel

Von dieser hübschen Raubkatze wusste man lange nicht, in welche der beiden großen Gruppen man sie eigentlich stellen sollte, denn sie zeigt sowohl Merkmale und Eigenschaften von Groß- als auch Kleinkatzen. Allerdings haben neuere Untersuchungen mit modernen molekularbiologischen Methoden gezeigt, dass diese Art den Großkatzen zuzurechnen ist.

Das Fell des Nebelparders hat eine gelbgraue bis gelbrote oder silberfarbene Grundfärbung, mit einer Zeichnung, die stark an die der Marmorkatze *(Pardofelis marmorata)* erinnert, die aber deutlich kleiner ist. Im Einzelnen handelt es sich beim Fellmuster um unregelmäßige, außen schwarze bis dunkelbraune Flecken, die zur Mitte hin immer heller werden, aber auch im Zentrum noch dunkler als die Grundfarbe sind. Am Kopf und an den Beinen sind außerdem kleinere, durchgehend schwarze Flecken und manchmal auch Streifen vorhanden und der Schwanz weist ein Muster aus dunklen Ringen auf. Sieht man einen Nebelparder im Gras sitzen, fällt er aufgrund dieser auffälligen Fleckenzeichnung sofort auf, aber im Geäst eines Baumes sind die Tiere dank ihrer Fellzeichnung oft so gut getarnt, dass man sie kaum erkennen kann.

Typisch für den Nebelparder ist außerdem der schmale Schädel mit den sehr langen Eckzähnen. Im Vergleich zur Körpergröße hat diese Art die längsten Eckzähne alle Katzen, die zudem, was ebenfalls ungewöhnlich ist, eine scharfe Kante an der Rückseite aufweisen, wie man sie sonst nur von den urzeitlichen Säbelzahnkatzen kennt. Außerdem besitzen die gelblichen Augen eine Pupille, die sich spindelförmig zusammenzieht und nicht punkt- oder spaltförmig wie bei anderen Katzen.

Das Verbreitungsgebiet des Nebelparders erstreckt sich von Südchina und Nepal über Teile Indiens bis Thailand, Kambodscha, Vietnam, Malaysia und Indonesien, wo die Tiere vor allem in tropischen Regenwäldern bis zu einer Höhe von etwa 2000 Meter vorkommen. Allerdings findet man sie manchmal auch in Mangrovenwäldern und in Buschbiotopen.

Geschickte Kletterakrobaten

In den oft undurchdringlichen Wäldern gehen die Raubkatzen häufig in den Bäumen auf die Jagd und an dieses Leben sind sie besonders perfekt angepasst, denn Nebelparder gehören zu den ausgesprochen guten Kletterern unter den Katzen. So können sie, ähnlich wie die Langschwanzkatze *(Leopardus wiedii)*, einen Baum mit dem Kopf voran hinablaufen, während die meisten anderen Arten der Familie vorsichtig mit dem Hinterteil voran an einem Stamm hinunterklettern. Und geht es darum, ein Beutetier zu erlegen, das sich auf einen besonders dünnen Ast zurückgezogen hat, sieht man die großen Katzen

manchmal sogar an den Hinterpfoten von einem dickeren Ast herabhängen, um das eigentlich unerreichbar scheinende Opfer dennoch zu ergreifen.

Nebelparder

Dank ihrer ausgezeichneten Kletterkünste jagen Nebelparder sogar Affen (Nasenaffen, Gibbons und wohl auch junge Orang-Utans), die sich bekanntlich besonders geschickt in den Baumwipfeln der Urwaldbäume bewegen. Sind die Katzen bei der Verfolgung einmal gezwungen den Baum zu wechseln, sollen sie im Sprung sogar Zwischenräume von bis zu fünf Meter überbrücken können, wobei der lange Schwanz zum Steuern dient. Und weil die Tiere so ausgezeichnet an das Baumleben angepasst sind, nennt man sie in Indonesien auch „Macan Dahan" beziehungsweise in Malaysia „Harimau Dahan", was so viel wie „Astleopard" oder „Baumtiger" bedeutet.

Zur Nahrung des Nebelparders gehören aber neben Affen auch zahlreiche andere Säugetiere unterschiedlicher Größe, etwa Wildschweine, Hörnchen, Hirsche oder Stachelschweine, die oft von einem niedrigen Ast aus im Sprung erbeutet werden. Außerdem stellt der Nebelparder Vögeln verschiedenster Größe nach und er soll sogar Fische fressen.

Jungenaufzucht

Nebelparder sind scheu und leben versteckt als überwiegend nachtaktive Einzelgänger, die jeweils ein eigenes Revier mit einer Größe zwischen vier und 17 Quadratkilometer besetzen, in dem keine Artgenossen geduldet werden. Nur zur Fortpflanzung treffen Weibchen und Männchen alljährlich kurzzeitig zusammen. Nach der Paarung gehen die Tiere dann aber wieder ihrer Wege, denn das Männchen beteiligt sich nicht an der Jungenaufzucht.

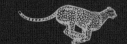

Die zwei bis vier Jungtiere kommen nach einer Tragzeit von etwa drei Monaten zur Welt. Nach Aussagen der im Verbreitungsgebiet des Nebelparders lebenden Menschen werden sie auf Bäumen geboren, etwa in einem hohlen Stamm. Verbürgte Berichte darüber gibt es allerdings nicht. Tatsache ist jedoch, dass in Zoos

lebende Weibchen für die Geburt und die Aufzucht ihrer Jungen vorzugsweise Holzkästen benutzen, die einige Meter über dem Boden angebracht wurden. Die Nachkommen des Nebelparders haben ein Geburtsgewicht von nur etwa 150 Gramm und sind zunächst völlig hilflos und daher vollständig auf die Fürsorge ihrer Mutter angewiesen. Nach ungefähr zehn Tagen öffnen sie aber die Augen und mit etwa sechs Wochen beginnen sie dann langsam auch Fleisch zu fressen, das ihnen die Mutter herbeischafft. Bei den Jungtieren haben die Flecken des Felles oft noch eine durchgängig dunkle Färbung. Im Verlauf ihrer Entwicklung hellen sie sich dann im Zentrum aber immer weiter auf, bis sie die typische Zeichnung ausgewachsener Exemplare angenommen haben.

Bedrohte Bestände

Wie alle anderen Großkatzen steht auch der Nebelparder inzwischen auf der Roten Liste der gefährdeten Tierarten, weil die Bestandszahlen ständig zurückgehen. Das liegt zum einen Teil daran, dass die Katzen gejagt werden, aber noch größer ist die Bedrohung durch die fortschreitende Abholzung der Regenwälder, in denen die Tiere hauptsächlich leben. Daher bleibt zu hoffen, dass in ihrem Verbreitungsgebiet in Zukunft zumindest einige ausreichend große Schutzzonen geschaffen werden, um die hübsche Art zu erhalten.

Ursprünglich wurden beim Nebelparder viele regionale Subspezies unterschieden, aber dann stellte sich bei Untersuchungen mit modernen Methoden heraus, dass diese Einteilung so nicht haltbar ist. Vielmehr muss nach diesen

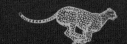

Analysen die frühere Unterart *Neofelis nebulosa diardi* auf Sumatra, Borneo und Java als eigene Art aufgefasst werden, sodass man nun zwei Arten unterscheidet: den Nebelparder *Neofelis nebulosa* mit drei Unterarten *(Neofelis nebulosa nebulosa, Neofelis nebulosa macrosceloides, Neofelis nebulosa brachyurus)*, wobei Letzterer vermutlich bereits ausgestorben ist.

Die zweite Art der Gattung, die nun Borneo-Nebelparder *(Neofelis diardi)* heißt, hat eine insgesamt dunklere Färbung und einen durchgängigen doppelten Aalstrich auf dem Rücken. Ihr Vorkommen ist auf die Inseln Borneo und Sumatra beschränkt, wobei auf Borneo nach Schätzungen noch immerhin 10 000 Tiere leben sollen. Das ist aber auch gleichzeitig die größte noch existierende Nebelparderpopulation. Allerdings werden auch auf Borneo alljährlich 13 000 Quadratkilometer Regenwald zerstört, sodass die Zahlen auch dort vermutlich schnell abnehmen werden.

Löwe

BIOLOGISCHER STECKBRIEF

Wissenschaftlicher Name
Panthera leo

Unterfamilie
Großkatzen (Pantherinae)

Heimat
Afrika und Südasien

Lebensraum
Vor allem in Steppen und Savannen, aber auch in lichten Wäldern, Buschbiotopen und sehr vereinzelt sogar in Wüstengebieten

Größe
140–190 cm Körperlänge, bis 110 cm Schulterhöhe, Männchen sind deutlich größer und auch schwerer

Gewicht
120–250 kg

Ernährung
Große Säugetiere

Der Löwe hat die Menschen schon immer besonders stark beeindruckt. So gilt der „König der Tiere" von jeher als Symbol der Macht, Kraft und Tapferkeit, sodass man erste Darstellung dieser prächtigen Tiere schon aus der Frühgeschichte des Menschen kennt. Als Beispiele können eine Jagdstele mit Löwenbildern aus dem 3. Jahrtausend v. Chr. dienen oder ein Kultgefäß mit Löwenköpfen aus der Zeit um 1800 v. Chr. Außerdem hat man Löwenabbildungen auf antiken Siegeln und Tonkrügen gefunden oder eingemeißelt in den Mauern uralter Bauwerke.

Eine große Rolle spielte der Löwe auch im alten Rom und zwar nicht nur bei den Gladiatorenkämpfen. So sollen Herrscher wie Pompejus oder Marcus Antonius mit Löwengespannen vor ihren Streitwagen zum Circus Maximus gefahren sein und auch beim geheimnisvollen, aus Persien stammenden Mithraskult, der durch Legionäre um die Zeitenwende im gesamten römischen Herrschaftsgebiet verbreitet wurde, war er ein wichtiges Symbol.

In späterer Zeit diente der Löwe dann vor allem als Zeichen der Macht und soldatischen Tugend, sodass man ihn in den Wappen zahlreicher Herrscherhäuser findet, und einigen Staaten dient er auch heute noch als Wappentier, etwa Belgien oder Dänemark.

Ein Grund dafür, dass der Löwe den Menschen von alters her so stark beeindruckt hat, ist sicher der mächtige Kopf ausgewachsener Männchen mit der prächtigen gelben, rotbraunen oder schwarzen Nacken- und Schultermähne, die sich häufig bis zum Bauch fortsetzt. Außerdem haben Löwen eine sehr kräftige Stimme, sodass ihr Brüllen überaus furchterregend sein kann. Die Färbung des kurzhaarigen Felles reicht von graugelb über silbriggrau und gelbrot bis dunkel ockerfarben; typisch ist außerdem die dunkle Quaste am Schwanzende.

Oft nur noch Restbestände

Früher kamen Löwen in ganz Afrika vor, aber auch auf dem Balkan sowie Teilen Vorder- und Südasiens. Im Südosten Europas starb er aber bereits vor der Zeitenwende aus und auch in Indien findet man heute nur noch sehr wenige

Löwe

Exemplare und zwar ausschließlich im kleinen Gir-Reservat. Nach Schätzungen gab es in den 1980er-Jahren in Afrika immerhin noch etwa 200 000 wild lebende Löwen – heute sind es vermutlich nicht mehr als 20 000. Und die meisten davon leben in Reservaten südlich der Sahara, wo sie ganzjährig Schutz genießen.

Zwar bringt man Löwen vor allem mit Steppen oder Savannen und den dort lebenden Herden aus grasfressenden Beutetieren in Verbindung, aber die Raubkatzen kommen tatsächlich auch in zahlreichen anderen Biotopen vor. So findet man sie in Wäldern sowie in einigen Bergregionen – in Ausnahmefällen bis in einer Höhe von fast 4000 Meter. Und einige Löwen haben es sogar

geschafft, einen so unwirtlichen Lebensraum wie die Wüste zu erobern. Ein weitverbreiteter Irrtum ist aber auch, dass Löwen nicht auf Bäume klettern würden. Tatsächlich sieht man sie häufiger einmal in luftiger Höhe, wenngleich nur auf Bäumen mit sehr kräftigen Ästen. Das ist auch gut verständlich bei derart massigen Tieren, denn das schwerste Männchen, das jemals gewogen wurde, hatte immerhin das stattliche Gewicht von 272 Kilogramm.

Zu den unwirtlichsten Lebensräumen, in denen Löwen heimisch geworden sind, gehört die Namib, wo eine Gruppe geheimnisumwitterter Wüstenlöwen zu Hause ist. Nachdem man die Tiere über viele Jahrzehnte immer wieder einmal in der kargen Landschaft an der Skelettküste beobachtet hatte, entzogen sie sich vor etwas mehr als zwei Jahrzehnten völlig ihren Beobachtern, sodass man sie bereits für ausgestorben hielt.

Aber dann entdeckte man vor einigen Jahren plötzlich doch noch einige Tiere, die in einem abgelegenen Tal der Namib überlebt hatten. Allerdings ist die Gruppe sehr klein, sodass man befürchten muss, dass die wenigen Raubkatzen über kurz oder lang dennoch vom Erdball verschwinden werden. Dazu wird sicher auch beitragen, dass die Tiere in ihrer extremen lebensfeindlichen Umgebung nur wenig geeignete Nahrung finden und sich daher nicht selten an den Herden der dort lebenden Viehzüchter vergreifen und dann getötet werden. Allerdings versucht man inzwischen, die Einheimischen davon zu überzeugen, dass sie die nur noch wenigen Raubkatzen verschonen sollen, weil sich dies als eine Investition in die Zukunft erweisen könnte. Schließlich hat sich auch in anderen Regionen Afrikas gezeigt, dass zahlreiche Touristen durch die einzigartige Tierwelt dieses Kontinents angelockt werden, die mit ihren Ausgaben vor Ort dafür sorgen könnten, dass sich die durch Löwen verursachten Verluste wieder ausgleichen ließen.

Leben in der Gemeinschaft

Löwen unterscheiden sich von anderen Großkatzen unter anderem dadurch, dass sie in einem Familienverband leben, einem sogenannten Rudel. Eine solche Gruppe setzt sich normalerweise aus zwei bis drei Männchen und bis zu zehn Weibchen sowie deren Jungen zusammen. Manchmal gibt es aber auch Rudel aus bis zu 40 Mitgliedern. Den Kern der Gruppe bilden die Löwinnen, die nah miteinander verwandt sind, das heißt es handelt sich um Großmütter,

Mütter, Töchter, Enkeltöchter, Tanten und Nichten, die seit ihrer Geburt in einem gemeinsamen Rudel leben und es im Normalfall auch niemals verlassen. Fremde Löwinnen werden nicht geduldet, sondern sofort bei ihrem Auftauchen vertrieben und notfalls sogar getötet.

Die Männchen, die zumeist untereinander und mit den Weibchen nicht näher verwandt sind, sind stets bemüht, die Angriffe herumstreunender Löwen abzuwehren, die sich ihres Harems aus Löwinnen bemächtigen wollen. Zumeist gelingt es den männlichen Löwen des Rudels auch über längere Zeit, alle Nebenbuhler zu vertreiben, aber irgendwann müssen sie dann doch einem kräftigeren Männchen weichen. Dies hat für die Löwen den Vorteil, dass sich immer nur die stärksten und mutigsten Männchen fortpflanzen, was langfristig nicht nur vorteilhaft für das Rudel ist, sondern für die gesamte Art.

Bei der Übernahme eines Rudels kann es zu heftigen Kämpfen kommen und nicht selten wird dabei auch eines der männlichen Tiere getötet. Nach der Vertreibung beginnt für die unterlegenen Männchen eine schwierige Zeit, denn sie müssen sich in Zukunft ohne die Hilfe der geschickten Weibchen mit Nahrung versorgen.

In jedem Rudel gibt es eine Rangordnung, deren Spitzenstellung das stärkste Männchen einnimmt. Danach folgen die anderen Männchen und erst dann die verschiedenen Weibchen. Warum Löwen als einzige Großkatzen ein Rudel bilden, weiß man nicht genau. Fest steht aber, dass sich die Jagd in der Gruppe sehr erfolgreich gestalten lässt, und auch Jungtiere kann man im Rudel leichter aufziehen und zudem sehr wirkungsvoll vor Feinden schützen. Allerdings muss die Beute nach erfolgreicher Jagd geteilt werden, aber weil die Tiere eine feste Rangordnung innerhalb des Rudels einnehmen, geht auch dieser nicht

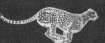

ganz unproblematische Vorgang normalerweise ohne Blutvergießen ab. Beobachtet man ein Löwenrudel, kann man sehen, dass die Tiere häufig die Köpfe aneinanderreiben. Dabei handelt es sich um eine Art von Begrüßung, bei der sich die Löwen mithilfe von Drüsen an der Schnauze gegenseitig mit ihrem Duft markieren. Männchen eines Rudels besprühen sich manchmal zusätzlich mit Urin. Typisch für Löwen ist aber auch die ausgiebige Fellpflege mit der langen Zunge, die dicht mit harten Hornpapillen bedeckt ist. Dadurch wirkt sie wie ein ein-

facher Kamm, mit dem Fremdkörper aus den Haaren entfernt werden. Die raue Zunge eignet sich aber auch, um Fleischreste von einem Knochen zu entfernen. Und danach benutzen Löwen manchmal sogar eine ihrer langen Krallen, um Reste der Mahlzeit aus den Zähnen zu entfernen.

Die Jagd ist im Normalfall die Aufgabe der Weibchen. Um eine Beute zu erlegen, schleichen sich die Tiere langsam an, wobei sie immer wieder ein Stück vorwärtskriechen, einen Moment verharren, um dann ein weiteres Teilstück zurückzulegen. Die Weibchen nähern sich auf diese Weise einem Beutetier so weit wie möglich und nutzen dabei jede vorhandene Deckung aus, um sich dann mit bis zu sechs Meter weiten Sprüngen auf das Opfer zu stürzen und es durch

einen Biss in die Kehle oder in den Nacken zu töten. In Lebensräumen, in denen wenig Deckungsmöglichkeiten vorhanden sind, treiben sich die Löwinnen Beute aber häufig auch gegenseitig zu – ein weiterer Vorteil bei einem Leben in der Gruppe. Die Rollen der einzelnen Individuen bei der Jagd wechseln allerdings häufiger, wobei dies vermutlich davon abhängt, welche Art von Beutetier gerade verfolgt wird.

Männchen beteiligen sich normalerweise nur an der Jagd, wenn sehr große und kräftige Beutetiere erlegt werden sollen. Aber auch wenn die Weibchen allein auf der Jagd waren, wird beim anschließenden Fressen der Beute die Rangfolge eingehalten, das heißt die Männchen fressen zuerst. Ein Löwe kann

bei einer Mahlzeit bis zu 18 Kilo Fleisch verschlingen. Anschließend müssen die Tiere dann aber erst einmal eine längere Ruhepause einlegen.

Zu den bevorzugten Beutetieren der Löwen gehören große Säugetiere wie Zebras, Gnus, Impalas, Antilopen, Spring-, Wasser- und Spießböcke, Warzenschweine oder Büffel, besonders jüngere Exemplare fressen aber manchmal auch Nagetiere, Vögel, Reptilien und Amphibien oder sogar Fische. Außerdem hat man Löwen schon Straußeneier aufbrechen sehen, um den Inhalt aufzulecken und in Küstennähe lebende Tiere jagen auch schon einmal Robben, wobei vor allem deren Jungen eine oft leicht Beute sein können.

Sind in einem Löwenrevier eine oder auch mehrere Wasserstellen vorhanden, trinken Löwen regelmäßig. Sie können ihren Flüssigkeitsbedarf aber auch eine Zeit lang allein über die Nahrung decken. In der Wüste

Kalahari lebende Exemplare sollen häufig sogar Pflanzen fressen, nämlich die sehr saftigen Tsama-Melonen, um so ausreichend Flüssigkeit aufzunehmen.

Jungenaufzucht

Die zwei bis vier Löwenjungen werden nach einer Tragzeit von rund 100 Tagen geboren. Dazu sondert sich das Weibchen ein wenig vom Rudel ab und bringt die Jungtiere an einer vor Wind, Sonne und den Augen möglicher Feinde geschützten Stelle zur Welt. Die Jungen haben ein Geburtsgewicht von ein bis zwei Kilogramm, und – anders als ihre Eltern – eine Zeichnung aus zahlreichen Flecken, die später

aber verblasst. Ganz ungewöhnlich für Katzen ist, dass die Jungtiere bei der Geburt oft schon die Augen geöffnet haben. Dennoch sind sie aber, genau wie andere Katzenkinder, anfangs total hilflos und völlig auf die Mutter angewiesen.

Und diese Fürsorge ist auch vonnöten, denn selbst die Jungen so großer und kräftiger Katzen, wie es Löwen bekanntlich sind, haben zahlreiche Feinde, dar-

unter vor allem Hyänen. Und weil das Versteck häufig durch den Geruch der Jungtiere verraten wird, tragen die Mütter ihre Nachkommen regelmäßig am lockeren Nackenfell in ein neues Versteck.

Eine große Gefahr für junge Löwen sind jedoch auch Löwenmännchen auf der Suche nach einem Rudel. Gelingt es diesen Außenseitern das bisher dominante Männchen von der Spitze der Gruppe zu vertreiben und das Rudel zu übernehmen, töten sie normalerweise danach alle

Nachkommen ihres Vorgängers, um die Weitergabe der eigenen Erbanlagen zu sichern.

Allerdings verteidigen einige der Weibchen ihre Nachkommen bis aufs Blut, sodass es in solchen Fällen immer wieder einmal dazu kommt, dass die Mutter ebenfalls getötet wird. Fügt sie sich dagegen in ihr Schicksal, wird sie bereits einige Wochen nach dem Tod ihrer Jungen wieder fruchtbar und paart sich dann mit dem neuen Anführer des Rudels.

Insgesamt bleiben die Jungen nach der Geburt etwa acht Wochen in ihrem Versteck, bevor sie dann immer häufiger ins Freie kommen und nun auch ins Rudel eingeführt werden. Generell lässt sich sagen, dass die Junglöwen eine größere Überlebenschance haben, wenn alle Weibchen eines Rudels gleichzeitig werfen, was nicht selten vorkommt. Dann werden die Jungtiere gemeinsam von allen Rudelmitgliedern bewacht, sodass es für einen Räuber schwierig wird, ein Junges aus dem Rudel zu erwischen. Und wenngleich sich

die Mütter vornehmlich um ihre eigenen Nachkommen kümmern, lassen sie aber auch die Jungen der anderen Weibchen bei sich trinken, sodass die Löwenjungen stets gut versorgt sind. Aber auch Löwinnen, die nicht geworfen haben, kümmern sich zumeist hingebungsvoll um den Nachwuchs im Rudel, und selbst die männlichen Mitglieder des Rudels dulden die oft übermütigen Spielereien der Jungtiere mit großer Gleichmut. Dieses Herumtollen mit Geschwistern und den Nachkommen der anderen Löwinnen ist für die Jungen ausgesprochen wichtig, denn es dient als Vorbereitung für ein Leben, bei dem

die Jagd eine herausragende Rolle spielt. Im Alter von etwa drei Monaten beginnen die Jungen ihrer Mutter regelmäßig zu folgen und mit knapp einem Jahr beteiligen sie sich dann auch an den Jagdausflügen der Weibchen. Allerdings sind sie erst nach ungefähr 16 Monaten so selbstständig, dass sie nicht mehr von den erwachsenen Tieren des Rudels völlig abhängig sind. Geschlechtsreif werden die Junglöwen aber erst nach drei bis vier Jahren.

Die jungen Männchen werden im Alter von zwei bis drei Jahren aus dem Rudel vertrieben. Sie führen anschließend einige Jahre ein Nomadendasein, wobei sie sich zumeist mit einigen Brüdern oder auch fremden Männchen zu einer Gruppe zusammenschließen. Später versuchen sie dann selbst ein Rudel zu übernehmen, indem sie das bisher dominante Männchen vertreiben. Allerdings währt im Fall des Gelingens auch ihre Herrschaft normalerweise nur zwei bis drei Jahre, weil sie dann das gleiche Schicksal erleiden wie ihre Vorgänger.

Löwe ist nicht gleich Löwe

Im Allgemeinen unterscheidet man bei den Löwen insgesamt sieben Unterarten. Eine davon ist der Indische Löwe (*Panthera leo persica*, siehe Abbildung unten), der ursprünglich von Kleinasien bis nach Indien heimisch war. Er wird nicht ganz so groß wie sein afrikanischer Verwandter und er hat normalerweise auch eine kürzere Mähne. Heute kommt er nur noch im

Gir-Nationalpark, einem kleinen Schutzgebiet in Nordwestindien vor. Dort leben nach letzten Zählungen allerdings wohl nur noch etwa 50 Tiere.

Der Berber-Löwe (*Panthera leo leo*, siehe Abbildung rechts) ist in der Natur inzwischen ausgestorben. Er gilt als die größte Unterart und erlangte vor allem dadurch Berühmtheit, dass man ihn zur Zeit des römischen Weltreichs für Gladiatorenkämpfe einsetzte und ihm die frühen Christen in Rom zum Fraß vorwarf. Das angestammte Verbreitungsgebiet der Berber-Löwen war das Atlasgebirge in Nordafrika. Dort wurde das vermutlich letzte frei lebende Exemplar in den Zwanzigerjahren des letzten Jahrhunderts geschossen. Heute kommen die großen Raubkatzen, die ein Gewicht von 225 Kilogramm erreichen können, nur noch in Zoos vor, wo es allerdings auch nur noch wenige Individuen gibt.

Weitere Unterarten sind der Angola-Löwe (*Panthera leo bleyenberghi*) aus dem Südwesten Afrikas, der Transvaal-Löwe (*Panthera leo krugeri*) aus Südafrika, der Massai-Löwe (*Panthera leo massaicus*) aus Ostafrika und der Senegal-Löwe (*Panthera leo senegalensis*) aus Westafrika. Allerdings vertreten einige Experten aufgrund neuerer Untersuchungen die Auffassung, dass alle afrikanischen Löwen südlich der Sahara eigentlich zu einer Unterart gehören. Häufig wird bei den Unterarten auch noch der Kaplöwe (*Panthera leo melanochaitus*) aus Südafrika genannt, der schon im 19. Jahrhundert durch Großwildjäger ausgerottet wurde. Nach allem was man heute weiß, bestand diese Abtrennung aber zu unrecht.

Der ewige Konflikt

Wie bereits erwähnt, ist die Zahl der Löwen in den letzten 25 Jahren um rund 90 Prozent auf gerade noch etwa 20 000 Tiere gesunken. Und die Bestände nehmen auch heute noch ständig weiter ab. Zwar sind Löwen inzwischen überall gesetzlich geschützt, aber vor allem außerhalb der eingerichteten Schutzzonen werden dennoch immer zahlreiche Exemplare getötet. Dafür verantwortlich sind oft Viehzüchter, die ihre Herden vor den Raubkatzen schützen wollen, weil diese in Ermangelung anderer, für sie geeigneter Beute, immer häufiger auch Nutztiere schlagen. Und auch Übergriffe auf Menschen scheinen sich aus diesem Grund in einigen Regionen zu häufen. So wurden beispielsweise allein in Tansania zwischen 1990 und 2005 über 500 Menschen durch Löwen getötet und außerdem zahlreiche Personen schwer verletzt. Man nimmt an, dass der Grund dafür die überdurchschnittlich stark angestiegene Bevölkerung in Tansania ist, denn dies machte es notwendig, in den letzten Jahren immer mehr Weide- und Ackerflächen zu erschließen. Dadurch wurde nicht nur der bereits knappe Lebensraum der wilden Tiere weiter eingeengt, sondern es fehlt auch zunehmend an geeigneten Beutetieren, die ebenfalls immer weiter zurückgedrängt werden.

Von den Überfällen auf Menschen in Tansania, wo nach Schätzungen fast ein Drittel des gesamten afrikanischen Löwenbestands lebt, sind besonders häufig Hirten betroffen, aber die Löwen kommen auf der Suche nach Beute manchmal sogar in Dörfer, wo sie Frauen und Kinder gefährden. Die Folge ist, dass die Bewohner dieser Landstriche zunehmend Selbstjustiz üben und die Löwen töten.

Daher ist es dringend erforderlich, auch in solchen Landstrichen Lösungen zu entwickeln, die ein friedliches Miteinander von Mensch und Tier vielleicht doch noch möglich machen. Andernfalls werden wir den „König der Tiere" sonst irgendwann wohl nur noch im Zoo oder Zirkus bewundern können.

Jaguar

BIOLOGISCHER STECKBRIEF

Wissenschaftlicher Name
Panthera onca

Unterfamilie
Großkatzen (Pantherinae)

Heimat
Nördliches bis mittleres
Südamerika sowie Mittelamerika

Lebensraum
Tropische Wälder, Savannen
sowie in Buschbiotopen und
Feuchtgebieten

Größe
110–190 cm Körperlänge, bis
76 cm Schulterhöhe

Gewicht
36–160 kg

Ernährung
Säugetiere unterschiedlichster
Größe, aber auch Reptilien und
Fische

Der Jaguar ist nach dem Tiger und Löwen die drittgrößte Raubkatze der Erde.
Im Normalfall haben die Tiere eine Körperlänge von knapp zwei Meter, man hat
aber auch schon Jaguare gefangen, die – ohne Schwanz – etwa 240 Zentimeter
lang waren. Auf den ersten Blick ähnelt die einzige, in Amerika vorkommende
Großkatze dem Leopard *(Panthera pardus)*, sie hat jedoch einen etwas kräftigeren Körper mit einem auffällig großen und breiten Kopf sowie besonders muskulösen Beinen.

Der Jaguar besitzt eine gelbliche bis rötliche oder rotbraune Grundfärbung; auf Schultern, Rücken und Flanken sind dunkle Ringe oder eine rosettenartige Zeichnung vorhanden, deren Mitte dunkler gefärbt ist als das übrige Fell. Kopf, Nacken, Gliedmaßen und die oft hellere Unterseite weisen ein schwarzes Fleckenmuster auf und entlang der Wirbelsäule erkennt man häufig eine Reihe verlängerter Flecken, die zu einer durchgehenden Linie verschmolzen sein können.

Neben den normal gefärbten Jaguaren gibt es aber auch immer wieder einmal sehr dunkel gefärbte Exemplare, die auf den ersten Blick einfarbig schwarz wirken. Bei genauerem Hinsehen erkennt man jedoch, dass sie ebenfalls ein typisches Fleckenmuster besitzen, das allerdings selbst bei hellem Sonnenlicht nur schlecht auszumachen ist.

Besonders häufig sind diese Schwärzlinge, die genau wie beim Leopard oft „Schwarzer Panther" genannt werden, in tropischen Regenwäldern zu finden, während man sie in offenerem Gelände nur selten antrifft.

Man unterscheidet beim Jaguar aufgrund der geografischen Verbreitung eine Reihe von Unterarten, etwa *Panthera onca peruviana* aus Peru oder *Panthera onca centralis* aus Mittelamerika. Die Unterschiede zwischen den einzelnen Unterarten sind ziemlich gering, aber es gibt die Tendenz, dass die Mitglieder von im Regenwald vorkommenden Populationen zumeist etwas kleiner sind als die Tiere außerhalb des Waldes.

Anpassungsfähige Großkatzen

Das Verbreitungsgebiet der großen Raubkatze reicht von Mexiko im Norden bis ins nördliche Argentinien. Früher gab es kleinere Bestände auch im Südwesten der USA, wo das wohl letzte Exemplar aber schon Mitte des letzten Jahrhunderts geschossen wurde.

Da Jaguare sehr anpassungsfähig sind, findet man sie in den unterschiedlichsten Lebensräumen. Dazu gehören auch die tropischen Regenwälder am Amazonas, wo es noch vergleichsweise viele Exemplare gibt. Die Raubkatzen kommen aber auch in anderen Wäldern vor, ebenso wie in Buschbiotopen, Savannen und sogar am Rande der Halbwüsten des Kontinents. In der Regel bleiben die Tiere im Flachland, man hat aber vereinzelt Exemplare auch schon in einer Höhe von bis zu fast 4000 Meter angetroffen.

Ein bevorzugter Lebensraum der oft auch tagaktiven Großkatzen sind aller-
dings wasserreiche Biotope, etwa Sumpfgebiete und jahreszeitlich überflutete
Wälder. Dort machen die ausgezeichneten Schwimmer häufig auch Jagd auf im
Wasser lebende Tiere, etwa Krokodile oder Wasserschildkröten, und sie fressen
ebenso Fische. Um diese zu fangen, setzen sie sich ans Ufer oder auf einen
Felsen im Wasser und warten, dass ein geeignetes Opfer in ihre Nähe kommt.
Ist das der Fall, wird es mit einem Tatzenhieb herausgeholt und dann sofort mit
den Zähnen ergriffen. Da der Schwanz der Tiere bei der Jagd häufig vor

Aufregung ein wenig hin- und herzuckt, glaubten die Ureinwohner im Amazonasgebiet früher, Jaguare würden versuchen, durch diese Bewegung Fische anzulocken. Tatsächlich trifft das aber nicht zu.

Sehr gern scheinen die Tiere aber auch Schildkröten zu fressen, deren Panzer sie mit ihrem kräftigen Gebiss aufknacken, denn Jaguare haben im Verhältnis zur Körpergröße die kräftigsten Kiefer aller Großkatzen. Und Schildkröteneier werden ebenfalls nicht verschmäht, wenn es ihnen gelingt, ein Gelege aufzuspüren. Außerdem fallen den Raubkatzen bei der Jagd in einem Gewässer

manchmal Wasservögel zum Opfer. Am häufigsten jagen die großen Jaguare allerdings am Boden ihres jeweiligen Lebensraums. Dort pirschen sie sich an ein Beutetier an oder lauern ihm auf, um es anschließend mit einem Biss in die Kehle zu töten. Häufig durchbohren sie mit ihren kräftigen Kiefern und langen Eckzähnen aber auch die Schädeldecke des Opfers, was bei anderen Großkatzen normalerweise eher selten der Fall ist. Typische Beutetiere, die auf diese Weise er-

legt werden, sind Tapire, Pekaris, Hirsche, Capybaras, Ameisenbären und Gürtel-
tiere, aber auch kleine Nager wie Mäuse oder Ratten. Außerdem fressen sie
Reptilien, etwa Leguane, sowie Vögel.

Kleinere Beutetiere werden zumeist an Ort und Stelle gefressen, während sie ein
größeres Opfer häufig an einen geschützten Platz schleppen, um es dort in Ruhe
aufzufressen. Weibchen mit Jungtieren holen dann oft auch ihre Nachkommen
herbei, damit sie sich dort selbst mit Nahrung versorgen können. Reste werden
häufig vergraben, um sie zu einem späteren Zeitpunkt zu fressen. Jaguare können
aber auch ausgezeichnet klettern. Dabei bewegen sie sich so schnell und
geschickt, dass ihnen nicht selten sogar Affen zum Opfer fallen. Außerdem jagen
sie in den Bäumen häufig Faultiere, Wickelbären und größere Echsen.

Fortpflanzung

Jaguare sind Einzelgänger, die in einem festen Revier leben, das durch Urin und
Kratzspuren an den Bäumen abgegrenzt wird. Die Größe der Territorien liegt zwischen 15 und 800 Quadratkilometer, wobei sich die Reviere manchmal mit denen
von Artgenossen überlappen. Dennoch kommt es nur selten einmal zu
Streitigkeiten, die Tiere gehen sich nach Möglichkeit rechtzeitig aus dem Weg.

Zur Fortpflanzungszeit verbringen die Männchen und Weibchen einige Tage
gemeinsam in einem der Reviere, aber auch nach der Paarung bleiben die
Männchen oft noch in der Nähe des Weibchens, um es mit zusätzlichem Futter
für die Jungtiere zu versorgen.

Die normalerweise ein bis zwei, manchmal aber auch bis zu fünf Jungen kommen nach einer Tragzeit von etwa 100 Tagen zur Welt. Bei der Geburt sind sie etwa 30 bis 40 Zentimeter lang und 800 bis 900 Gramm schwer. Nach etwa sechs Wochen beginnen die anfangs völlig hilflosen Jungtiere dann immer häufiger ihr Versteck zu verlassen. Dabei warten sie in der ersten Zeit, bis die Mutter mit Nahrung von der Jagd zurückkommt, aber später begleiten sie diese regelmäßig

bei ihren Beutezügen, bis sie schließlich in der Lage sind, sich selbst zu versorgen. Insgesamt bleiben die jungen Jaguare oft zwei Jahre oder noch länger im Revier der Mutter, bis sie dann irgendwann ihre eigenen Wege gehen. In der Natur können Jaguare vermutlich etwa 15 Jahre alt werden, in menschlicher Obhut erreichen sie nicht selten sogar ein Alter von über 20 Jahren.

Zwar steht der Jaguar schon seit den 1970er-Jahren auf der Liste der vom Aussterben bedrohten Arten und daher unter strengem Schutz, aber die Bestände verringern sich immer noch weiter. Die Ursachen hierfür sind vor allem der Verlust an Lebensraum, etwa durch Rodung großer Regenwaldgebiete. Aber die Großkatzen haben auch stark unter der Verfolgung durch Viehzüchter zu leiden, die um ihre Rinderherden fürchten, denn in der Nähe menschlicher Siedlungen lebende Jaguare vergreifen sich immer wieder auch einmal an Nutztieren. Außerdem werden die Großkatzen immer noch wegen ihres hübschen Felles in vergleichsweise großer Zahl gewildert. Daher schätzt man auch, dass es inzwischen gerade noch 15 000 bis 25 000 Exemplare gibt. Die meisten findet man im Amazonasbecken, wo die Bestandsdichte an einigen Stellen immerhin noch bei einem Individuum pro 15 Quadratkilometer liegen kann.

Umgekehrt scheint die Gefährdung vergleichsweise gering zu sein, denn im Gegensatz zu Löwe oder Tiger gibt es nur wenige Berichte, in denen Menschen durch einen Angriff der kräftigen Raubkatze schwer verletzt oder gar getötet wurden.

Leopard

BIOLOGISCHER STECKBRIEF

Wissenschaftlicher Name
Panthera pardus

Unterfamilie
Großkatzen (Pantherinae)

Heimat
Afrika und Asien

Lebensraum
Regenwälder, Savannen, Buschland, Gebirge und Halbwüsten

Größe
90–190 cm Körperlänge, bis 75 cm Schulterhöhe

Gewicht
30–80 kg

Ernährung
Säugetiere unterschiedlicher Größe

Der Leopard hat das größte Verbreitungsgebiet aller Raubkatzen, denn er kommt in weiten Teilen Afrikas und Asiens vor. In Afrika findet man ihn heute allerdings nur noch südlich der Sahara, während er in Nordafrika, wo die Art früher ebenfalls vorkam, inzwischen als ausgerottet gilt. In Asien kommen die Großkatzen noch vereinzelt im Nahen Osten, in Indien, in China und im Himalajagebiet, in Südostasien sowie in Nordpersien, Afghanistan, Anatolien und im Kaukasus vor. Allerdings sind die Bestände in den meisten Regionen Asiens deutlich geringer als in Afrika und in einigen Gebieten stehen die Großkatzen wohl unmittelbar vor der Ausrottung.

Was die Anpassung des Leoparden an die verschiedensten Lebensräume betrifft, ist er ähnlich flexibel wie der Jaguar *(Panthera onca)*, denn man findet die Tiere nicht nur in Regenwäldern, Savannen und Buschbiotopen, sondern auch in Gebirgsregionen und sogar Halbwüsten. Allerdings benötigen die Tiere in Trockenregionen Niederschlagsmengen von mindestens 50 Millimeter, sodass sie im Zentrum der großen, wasserlosen Wüstengebiete wie der Sahara nicht vorkommen.

Ähnlich vielfältig wie die Lebensräume, in denen die Großkatzen leben, ist auch die Fellfärbung. So sind sie in Wüstengegenden oft cremefarben bis grau oder hellgelb, während Savannenbewohner häufig eine rötliche Färbung haben. Bei Tieren aus dem Regenwald herrschen dagegen goldgelbe bis

dunkelgelbe Töne vor und Bergbewohner sehen nicht selten bräunlich aus. Aber auch die Zeichnung kann sehr variabel sein, denn sie reicht von einem Rosettenmuster über Ringflecken mit einer dunkleren Mitte bis zu vollkommen schwarzen Tupfen. Auf dem Rücken ist das Rosettenmuster oft in deutlichen Reihen angeordnet.

Vergleichsweise häufig sind bei Leoparden aber auch Schwärzlinge, die sogenannten Schwarzen Panther, die oftmals sogar zusammen mit normal gezeichneten Jungtieren in einem gemeinsamen Wurf vorkommen. Tatsächlich sind die Tiere, genau wie beim Jaguar, aber nicht wirklich einfarbig schwarz, sondern man sieht bei günstigen Lichtverhältnissen, dass die typische Leopardenzeichnung durchaus vorhanden ist. Allerdings kann man sie wegen der dunkleren Grundfärbung des Felles normalerweise nur schlecht erkennen.

Leopard

Besonders häufig sind Schwärzlinge im asiatischen Verbreitungsgebiet der Leoparden, während man sie in Afrika eher selten findet. Oft heißt es, die schwarzen Tiere seien aggressiver und gefährlicher als gefleckte Exemplare, aber das trifft in Wahrheit nicht zu. Vermutlich kommen den Menschen die schwarz gefärbten Großkatzen nur unheimlicher vor, weil sie lange unsichtbar bleiben, um sich dann plötzlich und unerwartet aus dem Halbdunkel zu lösen.

Leoparden teilen nicht

Leoparden sind außerordentlich geschickte und geduldige Jäger, denen es sehr häufig gelingt, sich einer Beute bis auf nur wenige Meter zu nähern. Daher sind sie bei ihrem Beutefang auch überdurchschnittlich erfolgreich. Häufig gehen die eleganten Tiere erst mit Einbruch der Dunkelheit

auf die Jagd, während sie sich tagsüber auf einem Baum oder in einem schatti-
gen Versteck ausruhen, aber in einigen Regionen sieht man die Tiere oft auch
während des Tages auf der Pirsch. Zu den bevorzugten Nahrungstieren des
Leoparden gehören Antilopen, Hirsche, Warzenschweine sowie Wildziegen und
-schafe, er frisst aber auch Schakale, Affen (vor allem Paviane), Hasen,
Nagetiere, Vögel, Reptilien, Fische und sogar große Insekten.

Haben die Raubkatzen ein sehr großes Beutetier erlegt, reicht der Vorrat oft für eine Woche oder länger, aber besonders Weibchen, die gerade Jungen aufziehen, müssen sehr viel häufiger Beute machen. Vor allem größere Tiere werden zumeist in höhere Bäume geschleppt, um sie vor Aasfressern, etwa Hyänen, zu schützen, aber auch um die Verwesung zu verlangsamen, denn in luftiger Höhe hält sich das Fleisch oft deutlich länger als am Boden.

Und da es sich um Katzen mit ungeheuer kräftigen Schultern und Vorderbeinen handelt, die zudem sehr gut klettern können, schaffen sie sogar Beutetiere die Bäume hinauf, die oft deutlich schwerer sind als sie selbst. So gibt es Berichte, nach denen ein Leopard eine Giraffe mit einem Gewicht von ungefähr 125 Kilogramm in eine etwa fünf Meter hohe Astgabel geschleppt hat, um sie dort zu fressen.

Aber auch ihre Ruhephasen verbringen diese Raubkatzen überwiegend in der Sicherheit hoher

Bäume, denn es gibt eine Reihe von Tieren, die ihnen durchaus gefährlich werden können, etwa Hyänen, die häufig in Gruppen angreifen. Und selbst vor einer
wütenden Horde Schimpansen müssen sich die im Vergleich zu Löwen oder
Tigern kleinen Raubkatzen oft schnell in Sicherheit bringen, um keine Ver-
letzungen zu riskieren.

Fürsorgliche Männchen

Leoparden sind Einzelgänger, die ein Territorium besetzen und gegen
Artgenossen verteidigen. Dabei können sich die Reviere der Männchen mit den
Territorien eines oder mehrerer Weibchen überlappen oder sie sogar vollstän-
dig einschließen. Zur Paarungszeit verbringen beide Geschlechter dann oft län-

gere Zeit gemeinsam, weil die männlichen Tiere nicht selten bei der Aufzucht der Jungen mithelfen.

Die Tragzeit beträgt etwa drei Monate. Normalerweise bekommen Leopardenweibchen zwei bis drei Jungen; es können in Ausnahmefällen aber auch schon einmal sechs kleine Leoparden sein. Diese sind bei der Geburt 25 bis 35 Zentimeter lang und werden in den nächsten Wochen regelmäßig in neue Verstecke umgesiedelt, damit Feinde nicht auf sie aufmerksam werden. Dennoch kommen bereits in den ersten Monaten viele der jungen Leoparden ums Leben, sodass aus den meisten Würfen nicht mehr als ein Junges die Geschlechtsreife erreicht.

Im Alter von ungefähr fünf Monaten beginnen die jungen Leoparden dann selbst, ihre ersten Beutetiere zu erlegen. Normalerweise fangen sie zunächst kleine Nager oder große Insekten, aber wenn sie dann später mit ihrer Mutter längere Beutezüge unternehmen, lernen sich auch größere Tiere zu überwältigen. Nach den etwa zwei Jahren, die die Jungleoparden im Revier ihrer Mutter bleiben, müssen sie dann aber selbst gute Jäger geworden sein, damit sie allein in der Wildnis überleben können.

Gefährdung

Wie bei allen anderen Raubkatzen, nimmt auch die Zahl der Leoparden ständig weiter ab. In der Vergangenheit war der rapide Rückgang der Bestände vor allem darauf zurückzuführen, dass die Tiere in großer Zahl wegen ihres hübschen Felles geschossen wurden, für das sich im Pelztierhandel hohe Summen erzielen ließen. So wurden in den Sechzigerjahren des letzten Jahrhunderts allein in Ostafrika rund 50 000 Leoparden getötet, weil ihre Felle in dieser Zeit sehr gefragt waren. Trophäenjägern galten Leoparden ebenfalls stets als eine willkommene Beute und in einigen Ländern wurden außerdem bestimmte Körperteile der hübschen Katzen unsinnigerweise für medizinische Zwecke eingesetzt. Heute ist für das langsame Verschwinden der Raubkatzen in vielen

Regionen ihres Verbreitungsgebiets aber auch der zunehmende Verlust an Lebensräumen verantwortlich sowie der damit zusammenhängende Rückgang geeigneter Beutetiere. Und obwohl die Tiere schon seit Jahrzehnten unter Schutz stehen, werden sie weiterhin wegen ihres immer noch begehrten Felles gewildert. Zusätzlich fallen sie immer wieder Viehzüchtern und Landwirten

zum Opfer, denn da Leoparden nicht einmal besonders scheu sind, kommen sie häufiger auch in die Nähe des Menschen, um sich hin und wieder eine leichte Beute aus einer Viehherde zu holen oder einen herumstreunenden Hund zu schlagen.

In einigen Regionen kommt es wegen der engen Nachbarschaft von Menschen und Leoparden aber auch immer wieder zu schweren Unfällen durch Angriffe der furchtlosen Raubkatzen. Der bekannteste Fall ist sicher der eines Leoparden, der sich Anfang des letzten Jahrhunderts längere Zeit an einem viel benutzten Pilgerweg im Himalajagebiet herumtrieb und dort Menschen überfiel. Insgesamt soll das Tier über 125 Personen getötet haben, bis es einem Großwildjäger gelang, das Tier zu erlegen. Der Grund für dieses eher ungewöhnliche Verhalten ist häufig das Alter oder eine Verletzung der Tiere, die sie daran hindern, ihre normale Beute zu jagen.

Wie bei vielen Raubkatzen mit einem sehr großen Verbreitungsgebiet wurden auch beim Leopard zahlreiche Unterarten beschrieben, die sich beispielsweise in Fellfärbung oder Größe unterschieden. Insgesamt gab es zwischenzeitlich sogar mehr als 30 Unterarten, von denen inzwischen aber viele wieder eingezogen wurden, weil sich die Abtrennung als nicht haltbar erwies.

Von den heute noch etwa 20 Unterarten, die von einem Großteil der Experten anerkannt werden, gilt etwa die Hälfte in ihrem Bestand als gefährdet oder

sogar stark gefährdet. Beispiele sind der Amur-Leopard (*Panthera pardus orientalis*, siehe Abbildung unten), von dem es nur noch etwa 40 in Freiheit lebende Tiere geben soll, oder der Arabische Leopard *(Panthera pardus nimr)*, der in

der Natur vermutlich schon auf bis etwa 20 Tiere ausgerottet wurde. Daher ist bereits abzusehen, dass in naher Zukunft auch noch weitere Unterarten dieser wunderschönen Großkatzen aussterben werden. Aber es gibt auch Hoffnung, dass zumindest einige in den Schutzgebieten Afrikas in so großer Zahl erhalten bleiben, dass sich dort gesunde Populationen bilden können.

Tiger

BIOLOGISCHER STECKBRIEF

Wissenschaftlicher Name
Panthera tigris

Unterfamilie
Großkatzen (Pantherinae)

Heimat
Asien

Lebensraum
Wälder und Grasland aller Art;
im Gebirge bis 4000 m Höhe

Größe
140–280 cm Körperlänge, bis
110 cm Schulterhöhe

Gewicht
100–300 kg

Ernährung
Hauptsächlich große Säugetiere

Der Tiger ist das größte Mitglied der Katzenfamilie und gehört zu den Tieren, die selbst Kinder auf den ersten Blick erkennen, denn mit ihrem goldgelben bis orangeroten Fell, über das zahlreiche schwarze Streifen verlaufen, sind sie kaum mit anderen Raubkatzen zu verwechseln. Allerdings stellt sich seit einigen Jahrzehnten zunehmend die Frage, wie lange wir uns noch dieser herrlichen eleganten Raubkatzen erfreuen können – zumindest in Freiheit.

Raubkatzen mit unsicherer Zukunft

Der angestammte Lebensraum des Tigers erstreckte sich einst von Sibirien über Südostasien, China und Indien bis zum Himalaja. Dort konnte man die Tiere in den unterschiedlichsten Lebensräumen finden, angefangen von den sibirischen Nadelwäldern über Steppengebiete mit ausreichend schützenden Dickichten bis hin zu feuchtwarmen tropischen Wäldern. In den 1930er-Jahren gab es in Asien nach realistischen Schätzungen noch ungefähr 100 000 Exemplare, aber dann nahm die Zahl sehr schnell ab. Bereits zehn Jahre später hatte sich die Zahl schon halbiert und in den Siebzigerjahren des letzten Jahrhunderts waren dann nur noch höchstens 2000 Tiger übrig geblieben.

Tiger

Ursprünglich waren Tiger in diesem riesigen Gebiet mit neun Unterarten verbreitet, die sich vor allem in Größe, Fellfarbe und Zeichnung unterschieden. Von diesen sind inzwischen allerdings schon drei ausgestorben und die meisten anderen Unterarten so selten geworden, dass sie wohl über kurz oder lang für immer aus der Wildnis verschwinden werden. So leben auch bereits heute in Zoos, Tierparks und Zirkussen mehr Tiger als in freier Wildbahn.

Einige sind schon ausgestorben

Zu den drei Unterarten des Tigers, die in der jüngeren Vergangenheit bereits ausgestorben sind, gehört der Bali-Tiger *(Panthera tigris balica)*, der einst auf der indonesischen Insel Bali heimisch war – allerdings wohl nie in allzu großer Stückzahl. Diese schon geringen Bestände wurden durch die Jagd und die immer stärker zunehmende Zerstörung seines Lebensraums im 19. und zu Beginn des 20. Jahrhunderts immer weiter dezimiert, bis 1937 das vermutlich letzte Exemplar einem Jäger zum Opfer fiel. Zwar soll es auch später noch

Sichtungen gegeben haben, die aber nie bestätigt wurden. Doch selbst wenn es nach 1937 tatsächlich noch vereinzelte Exemplare gegeben hat, so kann man heute wohl doch mit ziemlicher Sicherheit davon ausgehen, dass die Unterart inzwischen ausgestorben ist.

Auf der indonesischen Insel Java kam früher ebenfalls eine seltene Unterart des Tigers vor, der Java-Tiger *(Panthera tigris sondaica)*, der vermutlich irgendwann in den letzten 20 bis 30 Jahren ausstarb. Leider gibt es über diese Unterart nur wenige Informationen, aber er gehörte mit einem Gewicht von höchstens 130 Kilogramm wohl zu den kleinsten Vertretern. An den wenigen erhalten gebliebenen Fellen lässt sich außerdem erkennen, dass es sich um eine recht dunkel gefärbte Unterart mit wenigen weißen Bereichen und geringer Streifung im Schulter- und Brustbereich gehandelt haben muss.

Der Kaspische oder Persische Tiger *(Panthera tigris virgata)* kam einst in weiten Teilen Zentralasiens von der Mongolei bis nach Anatolien vor. Seine Ausrottung gilt als nicht gesichert, weil es immer wieder Berichte über aktuelle Sichtungen gibt, aber Experten gehen doch eher davon aus, dass die mittelgroße Unterart mit dem sehr langen Bauchfell inzwischen vollständig ausgestorben ist, denn es gibt auch keine Exemplare in Zoos oder Tiergärten mehr.

Neben den drei, mit großer Wahrscheinlichkeit bereits ausgestorbenen Vertretern des Tigers gibt es aber glücklicherweise noch sechs Unterarten, die zumindest in geringer Stückzahl weiterhin in der Wildnis zu finden sind. Eine von ihnen ist der Sibirische Tiger *(Panthera tigris altaica)*.

Sibirischer Tiger

Diese Unterart, die ebenso Amur- oder Ussuri-Tiger genannt wird, war ursprünglich vom Baikalsee über weite Teile des östlichen Sibiriens und der Mandschurei bis nach Korea verbreitet. Da die stattlichen Tiere in der Vergangenheit jedoch gnadenlos verfolgt wurden, gibt es heute vermutlich nicht mehr als 500 Exemplare im chinesisch-russischen und chinesisch-koreanischen Grenzgebiet. Daher gilt die Unterart, die größte unter den Tigern, auch als stark vom Aussterben bedroht. Und wie gering diese Zahl tatsächlich ist, wird auch daran deutlich, dass in Zoos und Zirkussen etwa viermal so viele Sibirische Tiger leben wie in ihren angestammten Lebensräumen.

Der Sibirische Tiger kann eine Körperlänge bis 280 Zentimeter und ein

Gewicht von bis zu 300 Kilogramm erreichen. Allerdings sind stattliche Exemplare dieser Unterart heute eher selten und es handelt sich auch stets um Männchen, denn die Weibchen sind erheblich kleiner.

Das Fell dieser Unterart ist auffällig lang, was wenig verwundert, denn die Tiere leben in einer Region, in der im Winter manchmal Temperaturen von bis zu minus 40 °C herrschen. Im Sommer ist das Fell der Raubkatzen zumeist rötlich bis rotbraun, aber im Winter verblassen die rötlichen Töne weitestgehend, sodass es eher eine gelbliche Grundfärbung hat. Die zahlreichen schwarzen Streifen sind gleichmäßig über den ganzen Körper verteilt; die Unterseite der Tiere ist weiß, und auch auf den Flanken und im Gesicht gibt es weiße Bereiche.

Tiger

Der bevorzugte Lebensraum des Sibirischen Tigers sind Wälder. Dort bilden sowohl Männchen als auch Weibchen ein Revier, wobei die der männlichen Tiere deutlich größer sind und sich mit den Territorien zumeist mehrerer Weibchen überlappen. Nicht selten sind die Jagdgebiete der Männchen bis 1000 Quadratkilometer groß, man hat aber auch schon Reviere von 3000 Quadratkilometer gemessen. Die Territorien der Weibchen umfassen dagegen in der Regel „nur" ein Gebiet von 300 bis 400 Quadratkilometer.

Zu den häufigsten Beutetieren des Sibirischen Tigers gehören Wildschweine, Rehe, Hirsche, Elche, Hasen, Luchse und gelegentlich Mäuse oder Ratten sowie Vögel, etwa Haselhühner, und Reptilien. Dort wo sie in der Nähe des Menschen leben, reißen sie manchmal auch Hunde und andere Haustiere. In

solchen Gebieten kommt es auch immer wieder zu Übergriffen auf Menschen, sodass sich die Naturschutzbehörden häufig mit der Forderung konfrontiert sehen, die seltenen Großkatzen abzuschießen.

Zur Fortpflanzungszeit finden sich Männchen und Weibchen für einige Tage zusammen, trennen sich nach der Paarung aber gleich wieder. Damit sie in ihren oft riesigen Revieren überhaupt zueinanderfinden, legen die Weibchen in dieser Periode zahlreiche

Duftmarken aus, denen die Männchen dann folgen. Außerdem sind Tiger in der Lage, sehr laut zu brüllen, und da diese Rufe oft viele Kilometer weit zu hören sind, können sie auch auf diese Weise Kontakt aufnehmen.

Tiger

Tiger haben manchmal bis zu sieben Jungen, die nach einer Tragzeit von etwa 100 Tagen geboren werden; im Normalfall sind es aber nur zwei bis drei Jungtiere. Diese beginnen nach etwa zwei Monaten Fleisch zu fressen, das ihnen die Mutter in ihr Versteck bringt, und im Alter von etwa acht Monaten gehen sie dann regelmäßig mit auf die Jagd. Das Territorium des Weibchen verlassen sie erst mit drei bis vier oder manchmal sogar fünf Jahren, um sich dann ein eigenes Revier zu suchen, was angesichts der Tatsache, dass immer weniger Platz für die großen Katzen zur Verfügung steht, allerdings stets schwieriger wird.

Bengal-Tiger

Der Bengal- oder Königstiger *(Panthera tigris tigris)* ist die zweitgrößte und heute noch am häufigsten in der Wildnis anzutreffende Unterart. Man schätzt, dass 3000 bis 4500 Exemplare die gnadenlose Verfolgung dieser Subspezies überlebt haben, die früher in weitaus größerer Zahl über den ganzen Indischen Subkontinent verbreitet war. Inzwischen existieren nur noch vereinzelte, oft weit voneinander getrennte Populationen in Indien, Bangladesch, Myanmar, Nepal und Bhutan.

Der Bengal-Tiger hat eine tief orangefarbene bis rotgoldene Grundfärbung mit den typischen schwarzen Streifen, die zumeist enger zusammenstehen als beim Sibirischen Tiger und für eine ausgezeichnete Tarnung sorgen, wenn die Raubkatzen sich durch hohes Gras an eine Beute anschleichen. Bauch, Wangen

und Augenbereich sind – genau wie bei den anderen Unterarten – weiß gefärbt. Die Nahrung des Bengal-Tigers besteht ebenfalls aus Säugetieren unterschiedlicher Größe, an die er sich anschleicht, um sie dann mit einigen gewaltigen Sätzen, die sechs Meter weit oder mehr reichen können, zu überwältigen. Tiger können aber nicht nur große Sätze machen, sondern auch ausgezeichnet schwimmen, sodass sie manchmal sogar im Meer zu küstennahen Inseln schwimmen, und sie gehen selbstverständlich auch gern einmal ins Wasser, um sich einfach abzukühlen.

Die Reviere der Bengal-Tiger sind in wildreichen Lebensräumen Indiens nur 50 bis 60 Quadratkilometer groß und damit deutlich kleiner als die Territorien ihres sibirischen Verwandten. In einer etwas lebensfeindlicheren Umgebung benötigen die Tiere dort aber auch deutlich mehr Platz, um ausreichend Nahrung zu finden.

Unter Bengal-Tigern findet man – auch in der Wildnis – immer wieder Tiere mit einer vom normalen Erscheinungsbild abweichenden Färbung. Besonders bekannt sind die Weißen Tiger, die eine sehr helle Grundfärbung mit dunklen Streifen besitzen. Sie sind allerdings recht selten, sodass sie in der Vergangenheit als ausgesprochene Kostbarkeiten galten, mit denen sich die Landesherren im Verbreitungsgebiet der Tiger schmückten. Heute werden sie dagegen manchmal bei Vorführungen von Raubtiernummern in Zirkus und Varieté eingesetzt werden und dafür extra gezüchtet. Außerdem gibt in seltenen Fällen weiße Exemplare, denen auch noch die dunklen Streifen fehlen, und

die daher häufig als „Schneetiger" bezeichnet werden. Allerdings handelt es sich bei diesen Tieren nicht um echte Albinos, denn sie haben keine roten, sondern blaue Augen. Neben den weißen Farbvarianten gibt es außerdem Individuen mit gelblichem Fell und bräunlichen Streifen, die man „Goldene Tiger" nennt.

Weitere Unterarten

Die übrigen noch existierenden Unterarten sind der Südchinesische Tiger *(Panthera tigris amoyensis)*, der im südlichen China heimisch ist, der Indochina-Tiger *(Panthera tigris corbetti)* in Indochina, der Sumatra-Tiger *(Panthera tigris sumatrae)* auf Sumatra und der Malaysia-Tiger *(Panthera tigris*

jacksoni) in Malaysia. Vom Südchinesischen Tiger, der ursprünglich in weiten Teilen Chinas verbreitet war, gibt es heute vermutlich nicht mehr als 20 bis 30 Exemplare, die sich in entlegene Gebirgsregionen zurückgezogen haben. Aber auch dort werden ihre Überlebenschancen für die Zukunft eher pessimistisch beurteilt. In Zoos leben aber immerhin noch rund 60 Individuen dieser Unterart, sodass man sie wohl zumindest in menschlicher Obhut erhalten kann. Der Südchinesische Tiger wird nicht so groß wie ein Sibirischer Tiger oder ein Bengal-Tiger; die Grundfarbe des Felles ist rötlich und die dunkeln Streifen liegen vergleichsweise weit auseinander.

Der Indochina-Tiger (siehe Abbildung oben) ähnelt dem Bengal-Tiger und erreicht auch eine vergleichbare Größe. Die Färbung reicht von rötlich bis hellbraun, die Streifen sind relativ schmal und kurz. Nach Schätzungen gibt es noch 1500 bis 2000 Exemplare, die in entlegenen Regionen Kambodschas und in Laos überlebt haben. In Ländern wie China, Malaysia, Thailand und Vietnam, in denen die Unterart früher ebenfalls vorkam, gilt sie inzwischen fast überall als ausgestorben.

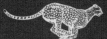

Tiger

Der Sumatra-Tiger (siehe Abbildung rechts und Seite 275) gilt als kleinster Vertreter der noch nicht ausgestorbenen Unterarten. Er kommt nur auf der indonesischen Insel Sumatra vor, wo die Tiere vermutlich nie sehr häufig waren. Heute gibt es noch etwa 400 bis 500 dieser wunderschönen Tiger und eine ähnlich hohe Zahl in Zoos und Zirkussen.

Der Malaysia-Tiger stammt, wie unschwer zu erraten ist, aus Malaysia. Die dort lebenden Tiere wurden ursprünglich für Indochina-Tiger gehalten, bis molekularbiologische Untersuchungen zeigten, dass es sich um eine eigene Unterart handelt. Über die genaue Zahl gibt es unterschiedliche Angaben, die von 500 bis 1500 noch wild vorkommenden Tieren reichen. Malaysia-Tiger sind etwas kleiner als ihre größeren Verwandten aus Sibirien und Indien, die Färbung ist zumeist goldgelb.

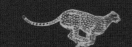

Schneeleopard

BIOLOGISCHER STECKBRIEF

Wissenschaftlicher Name
Uncia uncia

Unterfamilie
Großkatzen (Pantherinae)

Heimat
Ost-, Mittel- und Südasien

Lebensraum
Gebirgsbiotope

Größe
100–130 cm Körperlänge, bis
65 cm Schulterhöhe

Gewicht
25–75 kg

Ernährung
Säugetiere und Vögel

Die auch Irbis oder Unze genannte Art kommt nur in den Gebirgen
Zentralasiens und im Himalaja vor, wo die Tiere überwiegend oberhalb der
Baumgrenze zu finden sind. Es handelt sich um stattliche Raubkatzen mit einer
weißlich grauen bis gelblichen Grundfärbung und einer dunklen rosettenarti-
gen Zeichnung, die der eines herkömmlichen Leoparden nicht unähnlich ist,
was auch den Namen erklärt. Allerdings sind Schneeleoparden etwas kleiner
und auch leichter als ihre bekannteren Verwandten.

Charakteristisch für die Art sind außerdem das auffällig dicke Fell, das die Tiere
vor der großen Kälte im Hochgebirge schützt, der besonders lange, dicht
behaarte Schwanz, der bei den oft beachtlich weiten Beutesprüngen als Steuer

dient, aber auch als Wärmeschutz, denn die Tiere legen ihn häufig während ihrer Ruhephase eng um den Körper, um sich zusätzlich warm zu halten, sowie die großen Pfoten, die helfen, ein Einsinken im Tiefschnee zu verhindern, und auf glatten Felswänden für einen guten Halt sorgen.

In ihren oft entlegenen Lebensräumen bilden die scheuen Einzelgänger recht große Reviere, um dort Wildschafe, Murmeltiere und Hühnervögel zu jagen. Dies kann in sehr einsamen Gegenden auch tagsüber geschehen, aber wenn sich die Tiere in der Nähe von menschlichen Siedlungsgebieten aufhalten, gehen sie fast nur in der Dunkelheit auf Nahrungssuche. Dann jagen sie allerdings oft nicht nur Wildtiere, sondern vergreifen sich häufiger auch an Haustieren, etwa Schafen, Ziegen, Yaks oder sogar Pferden, sodass sie nicht selten von den Besitzern getötet werden.

Die Paarung der Großkatzen findet normalerweise am Ende des Winters statt, sodass die zwei bis drei Jungtiere nach einer Tragzeit von ungefähr 100 Tagen

im späten Frühjahr oder Frühsommer in einer Höhle oder geschützten Felsspalte geboren werden. Die Jungen bleiben etwa ein Jahr im Revier der Mutter, um von ihr alles zu lernen, was sie benötigen, damit sie in ihrer oft rauen Umwelt überleben können.

Zwar stehen Schneeleoparden heute in allen Ländern ihres Verbreitungsgebiets unter Schutz, aber sie werden wegen ihres hübschen Felles dennoch weiter gewildert. Außerdem gelten die Knochen und andere Teile der Großkatze als Heilmittel zur Behandlung bestimmter Krankheiten, sodass vor allem die traditionelle chinesische Medizin sie immer noch als angeblich wirksame Arznei einsetzt.

Wie bereits erwähnt, werden aber immer auch wieder Tiere getötet, weil sie Haustiere schlagen oder auch vorbeugend, da die Hirten Angst um ihre Herden haben, wenn Schneeleoparden in deren Nähe auftauchen. Dies ist vor allem im Winter der Fall, denn in dieser Jahreszeit verlassen die Katzen häufig ihre Reviere im Hochgebirge, weil sie dort oben zu wenig Nahrung finden oder in tiefer gelegenen Wäldern Schutz vor den Unbilden des Wetters suchen. Verhängnisvoll ist das insofern, als sich die Viehwirtschaft im Verbreitungsgebiet der Raubkatzen noch immer ausdehnt. Daher werden sich solche Konflikte in Zukunft auch vermutlich eher noch verstärken. Heute gibt es nach Schätzungen der Fachleute wahrscheinlich noch 5000 bis 7000 Schneeleoparden, die meisten davon in China.

Register

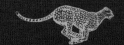

Register